JN437345

나는 이우석이다

1판 1쇄 인쇄 | 2026년 1월 13일
1판 1쇄 발행 | 2026년 1월 20일

지 은 이 | 노지민
펴 낸 이 | 천봉재
펴 낸 곳 | 일송북

주 소 | 서울시 성북구 성북로 4길 27-19
전 화 | 02-2299-1290~1
팩 스 | 02-2299-1292
이 메 일 | minato3@hanmail.net
홈페이지 | www.ilsongbook.com
등 록 | 1998.8.13(제 303-3030000251002006000049호)

ISBN 978-89-5732-360-1(03800)
값 14,800원

갑신정변 김옥균의 그림자이며 고대수라 불렸던 7척 장신 궁녀

나는 이우석이다

노지민 지음

알종북

나는 이우석이다

19세기 후반, 근대 국가 '부강한 자주 조선'을 꿈꾸었던 액맥이 궁녀!

"나는 크고 힘이 센 몸으로 태어났다.
세상은 나를 '괴물'이라 하였으나 나는 동의하지 않고, 꿈을 꾸었다. 하늘이 나를 그리 만들어 주신 이유는 '작고 힘없는 사람들'을 도와 함께 잘 살라는 뜻이라 믿었기 때문이다."

- 이우석이 독자에게 -

서문

한국을 만든 인물 500인을 선정하면서

일송북은 한국을 만든 인물 5백 명에 관한 책들(5백 권)의 출간을 기획하여 차례대로 펴내고 있습니다. 이는 긍정적이든 부정적이든 우리 역사에 뚜렷한 족적을 남긴 인물들의 시대와 사회를 살아가는 삶을 들여다보고 반성하며, 지금 우리 시대와 각자의 삶을 더욱 바람직하게 이끌기 위해서입니다. 아울러 한국인의 정체성은 무엇인가를 폭넓고 심도 있게 탐구하는, 출판 사상 최고·최대의 한국 대표 인물 콘텐츠의 보고(寶庫)가 될 것입니다.

한국 인물 500인의 제목은 「나는 누구다」로 통일했습니다. '누구'에는 한 인물의 이름이 들어갑니다. 한 인물의 삶과 시대의 정수를 독자 여러분께 인상적·효율적으로 전할 것입니다. 무엇보다 지금 왜 이 인물을 읽어야 하는가에 충분히 답해 나갈 것입니다.

이번 한국 인물 500인 선정을 위해 일송북에서는 역사, 사회, 문화, 정치, 경제, 국방, 언론, 출판 등 각 분야의 전문가들로 선정위원회를 구성했습니다. 선정위원회에서는 단군시대 너머의 신화와 전설쯤으로 전해오는 아득한 상고대부터, 아직도 우리 기억에 생생한 20세기 최근세까지의 인물들과 그 시대들에 정통한 필자를 선정하고 있습니다.

우리는 지금 최첨단 문명시대를 살고 있습니다. 인터넷으로 실시간 글로벌시대를 살고 있으며 인공지능 AI의 급속한 발달로 인간의 정체성마저 흔들리고 있음을 절감하고 있습니다.

이러한 때일수록 인간의, 한국인의 정체성이 더욱 절실히 요구되고 있습니다. 그 정체성은 개인과 나라의 편협한 개인주의나 국수주의는 물론 아닐 것입니다. 보수와 진보 성향을 아우르는 한국 인물 500인은 해당 인물의 육성으로 인간 개인의 생생한 정체성은 물론 세계와 첨단 문명시대에서도 끈질기게 이끌어나갈 반만년 한국인의 정체성, 그 본질과 뚝심을 들려줄 것입니다.

차 례

3장 여기, 사람이 있다

4장 왕이 없는 나라

여는 글

'사람이 온다는 건 / 사실은 어마어마한 일이다. / 그는 그의 과거와 현재와 그리고 그의 미래와 함께 오기 때문이다.'

정현종의 시 <방문객>은 이렇게 시작한다. 우리는 모두 세상에 온 방문객이니 자신이 온 세상, 즉 자신이 태어난 시간과 공간 안에서 성장하며 영향을 주고받다가 떠난다. 그것이 삶의 내용이다. 역사란 이런 사람들이 직조한 이야기다. 누가, 어떤 시간과 공간에 와서 어떻게 살다가 어떻게 떠났는가? 그의 삶은 그의 현재와 미래에 어떤 영향을 주었는가? 이것이 우리가 역사 속 인물을 만나는 이유다. 21세기를 살아가는 지금, 우리 또한 과거의 그들처럼 현재와 미래를 만들어 가는 중이기 때문이다.

21세기 우리가 사는 세상은 어떠한가? 두 번의 세계 대전을 치른 인류는 1945년 10월 24일, 국제연합기구(UN)를 만들었다. 이들은 UN의 목적을 '국제평화와 안전을 유지하며', '민족들의 평등권 및 자결 원칙에 기초하여 국가 간 우호 관계를 발전시키며', '국제 문제를 해결하고', '모든 사람의 인권 및 기본적 자유에 대한 존중을 촉진하기 위한 국제적 협력을 달성하며', 이를 위해 '각국의 활동을 조화시키는 중심'이 된다고 표방하였다. 즉, 인류가 다시는 자신들의 탐욕을 위해 사람을 살상하는 '야만의 시대'로 돌아가지 않고 누구나 평등한 인권을 보장받는 '문명의 시대'를 함께 열어 가자는 '위대한 약속'을 한 것이었다. 그로부터 80년이 흐른 지금 우리는 러시아와 우크라이나, 이스라엘과 팔레스타인 사이에 벌어지는 끔찍한 폭력의 야만을 수년째 해결하지 못하고 있다. 전 지구적으로도, 또 각국에서도 빈부의 양극화는 나날이 극심해지고, 봉건 왕조를 무너뜨리고 인류가 만들어 낸 '민주 공화국'이라는 정치 체계는 수시로 위협을 받는다.

지난 2024년 12월 3일, 민주 공화국 대한민국에서 일어난 계엄 사태는 손바닥에 '왕(王)'자를 쓰고 나온 시대착오적 인물이 대통령으로 선출된 결과였다. 이 땅에서 500년 조선 왕조가 무너지고, 상해에서 민주 공화국 대한민국 임시 정부가 수립된 지 이미 100년이 훌쩍 넘었음에도 민주 공화국의 대통령을 봉건 왕조의 왕으로 착각하는 시대착오적인 인식을 하는 사람들이 있다는 사실은 놀라웠다. 그러나 대한민국의 민주주의는 흔들리면서도 꽃을 피우고 굳세게 뿌리를 내려오지 않았던가? 지금껏 그래왔듯 우리는 또 계엄을 물리치고 우리가 원하는 나라, 민주 공화국 대한민국을 더욱 단단히 만들고 있다. 지난겨울 우리 국민은 아주 중요한 질문 앞에 섰다. 그 질문은 '대한민국은 어떤 나라인가?'였고, 그 답은 '국민이 주인이고, 모두가 평등한 민주 공화국'이었다.

그리고 나는 오래전, 이 질문 앞에 섰고 그 답을 구현하기 위해 목숨을 걸었던 한 사람의 이야기를 하려 한다. '고대수'라 불린 무수리 여인을 만난 것은 1997년 외환 위기 때였다. 그때 우리나라는 준비되지 못한 채로 세계화의 급물살에 휩쓸려 난파 직전이었다. 국가 부도 사태는 나라의 존망이 달린 거대한 공포였다. 대통령은 외화를 유치하러 해외로 나갔고, 국내 기업들은 외국 기업들에 팔렸다. 나라 곳간이 텅텅 비어 IMF에서 막대한 빚을 지고 그들의 요구를 수용해야 했다. 빚을 진 나라의 처지였다. 그룹과 작은 회사들이 우수수 무너지고, 한순간에 직장을 잃은 가장들은 망연자실했다. 연쇄 부도를 맞거나 낸 중소기업 사장들은 한강 다리에서 뛰어내렸다. 나도 그러한 급물살에 휩쓸렸다. 우리나라는 어디로 가고 있나? 우리 가족은, 나는 무엇을 어찌해야 하는가? 그것은 처절한 생존의 문제였다. 나는 알고 싶었다. 내가, 우리 가족이 그런 상황을 맞이한 이유를! 거대한 세계화의 물결 속에서 대한민국이라는 배가 침몰 직전에 이른 이유를! 그래야 나아갈 길을 찾을 것 아니겠는가?

그때, 19세기 후반 조선의 상황이 떠올랐다. 서세동점으로 동아시아가 요동치던 그때 조선의 위정자들은 그 상황을 어떻게 이해하고, 어떻게 대처했을까? 개인은 어떤 선택을 할 수 있었을까? 이러한 물음 끝에 나는 '갑신정변에 참여한 7척 장신의 무수리, 고대수'를 만났다. 그리고 다음 해인 1998년 KBS 극본 공모전에서 <무수리 고대수>라는 극본으로 당선하였다.

"나라는 무엇입니까? 지존은 무엇입니까? 관이 무엇입니까? 백성들의 피눈물을 닦아 주지 못하고, 백성들의 목숨을 지켜 주지 못하고, 백성들의 웃음을 앗아 제 배를 채우는 관료들을 어찌 믿고 살겠습니까? 저는 왜 제 뜻대로, 제가 사랑하는 사람들을 위해 살지 못하고, 그들을 위해 살아야 합니까? 누가 그리 정했답니까? 그것을 바꾸고 함께 살아가는 길이 있지 않겠습니까?"

나의 고대수는 이리 많은 물음을 던졌다. 자신에게, 스승에게, 동지에게, 그리고 세상에! 지난 시간은 갑신일록에 한 줄로 남은 그녀의 삶을 상상하고 추측하며 자료를 찾아 꿰맨 시간이었다. 자료를 기반으로 상상하고 추측하는 역사의 징검다리 기법으로 그녀를 세상에 되살리고 싶었다. 글쓰기의 허무함과 무용함에 시달리기도 하였으나 그럼에도 불구하고 시작한다. 급변하는 정세 속에서 주어진 운명과 신분의 한계를 뛰어넘어 삶의 주인으로 살고자 했던 한 존엄한 인간의 이야기를!

1장

크고 힘센
여자아이

19세기 말, 조선

그해를 표현하는 방식은 두 가지다. 조선의 방식으로는 24대 왕 헌종 9년, 서양의 방식으로는 서기 1843년! 산업혁명으로 먼저 근대화를 이룬 서양이 아시아를 향해 돌진했다. 총포를 앞세운 제국주의 상선과 함대가 태평양과 대서양을 건넜다. 이들은 오랫동안 스스로 세상의 중심이라 여기던 동양의 대국 청나라를 공격했고, 그해 청나라는 영국과 치른 1차 아편 전쟁에서 패해 자국 영토였던 홍콩 섬을 영국에 빼앗기고, 5개 항구를 강제로 개항하고, 막대한 배상금도 물어야 했다. 이를 본 프랑스도 프랑스 선교사 박해를 이유로 베트남에 함대를 파병했다. 이렇듯 제국주의 열강들은 앞선 무기와 기술력으로 커다란 배를 타고 다니며 앞서거니 뒤서거니 땅따먹기에 열중했다. 일본은 막부 시대 말기인 에도 시대였고, 쇄국과 변화의 갈림길에 서 있었다.

그해 조선은 어떤 상황이었을까? 대왕대비 신정왕후의 수렴청정에서 벗어난 헌종이 친정을 시작한 지 2년째 되는 해였으나, 국정은 여전히 정조 이후 시작된 외척 안동 김씨들의 세도 정치하에 있었다. 조선 왕조의 통치 이념은 성리학이었다. 성리학은 농경 사회였던 중국 송나라와 명나라가 집대성한 학문인데, 두 나라는 이미 역사에서 사라졌으며 중원을 차지한 청나라도 서양에 침략당해 국토 일부를 내어 주는 지경에 이르렀다. 그러나 조선의 국정을 이끄는 이들은 거대한 세계사적 변화의 물결을 외면했다.

왜 그랬을까? 그들은 자신들이 힘을 가진 조선의 토대가 흔들리는 것을 원치 않았다. 그리하여 거대한 흐름에 발을 맞추거나, 새로운 생각을 수용해서 현실에 도움이 되는 길을 선택하지 않고 오히려 새로운 생각이나 문물을 공부하거나 받아들인 사람들을 조선의 통치 체제를 위협하는 대역 죄인으로 몰아 제거했다. 닫힌 세상에서 새로운 생각을 하는 사람은 주류에서 밀려나거나 끝내는 죽음에 이르렀다.

정조 시대에는 조금 달랐다. 청나라 건륭제의 70세 생일 축하 사절단으로 청나라 열하에 다녀온 연암 박지원을 비롯해서 조선의 세계관을 바꾸고, 백성들의 삶에 도움이 되는 과학 기술을 받아들여야 한다는 사람들이 있었다. 이들은 농업 생산력을 높이는 방법을 연구하고, 홀대받던 공업과 상업을 발전시켜야 한다고 생각했다. 고위 관료와 양반 지주들에게 집중된 토지 제도를 개혁하여 백성들의 삶에 도움을 주려고 연구했다. 그들 중 일부는 "사람은 모두가 하느님의 자녀로서 귀천 없이 평등하다."라는 서양의 종교에도 관심을 보였다. 이 모두는 새로운 생각이었다.

그러나 정조 이후 조선의 실권자로 등극한 안동 김씨 세도 가문은 이들을 불온하게 보았고, 그러한 느낌은 그들의 두려움을 건드렸다. 그들은 자신들의 권세를 지키기 위해 1801년 신유년과 1839년 기해년에 피바람을 불러 일으켰다. 천주교도들에 대한 박해는 단순한 종교 탄압이 아니라 새로운 세계관에 대한 절대적인 거부였고, 자신들의 기득권을 위협하는 세력에 대한 탄압이었다. 조선에서 이러한 시간이 흐르는 동안 조선의 주변국인 청나라와 일본은 서양의 무력에 굴복하여 불평등 조약을 맺고 나라 문을 열어야 했다.

조선에도 그러한 시간이 다가오고 있었다. 조선은 스스로 굳건히 서야 했다. 그래야 거부할 수 없는 물결을 조선에 유용한 방식으로 받아들일 수 있지 않겠는가? 어떻게 해야 스스로 굳건히 서서 외부로부터 밀려오는 변화의 물결에 휩쓸려 무너지지 않고 주도적으로 수용할 수 있을까? 조선 사회의 부조리를 개선하고 상하좌우 합력하여 함께 살아갈 새로운 길을 만들어 가는 것! 그것이 가장 시급하고 중요한 조선의 시대적 과제였다. 쉽지 않은 일이었으나 조선은 반드시 해내야 했다. 어떤 고통이 따를지라도!

고통 없는 탄생이 어디 있겠는가? 무릇 새로운 것이 세상에 태어날 때는 그만한 고통을 감내하는 것이 이치였다. 이른 봄에 들판과 논두렁과 산비탈을 가득 메우는 쑥을 보자. 혹독한 겨울을 견디어 낸 쑥들만이 봄의 들판에, 봄의 논두렁에, 봄의 산자락에 얼굴을 내미는 것이다.

강화섬 소작농의 딸

그해 겨울, 조선의 잔잔한 서쪽 바다 강화섬에서 한 아이가 태어났다. 그날도 그냥 그런 날이었다. 그 시절 조선의 평범한 사람들이 살아가던 마냥 평범한 날 말이다. 안동 김씨 세도 정치가 조선 팔도에 미치지 않는 곳이 없었고, 땅 한 뙈기 없는 소작농들은 가을걷이 후 지주의 곳간부터 채워 주고 남은 것으로 1년을 버텨야 했다. 보릿고개에 굶어 죽지 않으려면 배고픔만 겨우 면하고 살아야 했다. 어부들은 추운 겨울 매서운 칼바람을 맞으면서도 바다로 나갔고, 머리에 흰 수건 쓴 아낙네들은 갯벌에 나가 종일 종아리에 개흙을 묻히면서 조개를 캤다. 아이들도 제 몸보다 큰 지게를 메고 산에 올라 말라비틀어진 나뭇

가지를 줍느라 바빴다. 그것도 없으면 마른 풀이라도 주워 와야 그나마 구들에 온기라도 조금 넣고 잠을 잘 수 있었다. 그날도 그런 날이었다.

그 바다 위로 해가 떨어졌다. 매일 시간 되면 떠올랐다가 시간 되면 떨어지는 해였다. 찐득한 갯벌에 물 들어오느라 돌돌거리는 소리가 고요한 노랫소리 같았고, 사방에 불꽃을 날리며 이글거리던 해가 일찌감치 꼬리를 길게 늘였다. 사람들은 지는 해를 배경 삼아 집으로 갔다. 강화섬 그들의 마을 위에, 그들의 둥근 초가 위에 칠흑 같은 어둠이 내렸다. 그 두꺼운 어둠을 이불 삼아 갯지렁이, 조개, 장어, 두루미도 잠이 들었다.

"윽! 으으, 윽!"

그 밤, 끈적한 어둠을 뚫고 정족산 자락의 한 마을, 초가집 끝방에서 쇳소리가 터졌다. 산파 수맹 할머이였다. 소작농 이 서방네 각시가 첫아기를 해산하는 중이었다.

이 서방네가 강화섬 길상촌에 들어온 것은 몇 년 전이었다. 맨몸으로 마을에 들어온 젊은 부부가 말똥네 초가 한 칸을 빌려 살면서 부지런히 손을 놀렸다. 키가 장대같이 크고, 기운 좋은 이 서방은 이 집 저 집에서 필요한 일을 찾아 품을 팔았고, 말수는 없어도 솜씨 좋은 이 서방댁은 한 첨지 댁 일을 도왔다. 이 서방댁 음식이 그렇게 정갈하다고 소문이 났고, 바느질 솜씨 또한 그러하다고 한 첨지 댁에서 좋아했다. 그렇게 부지런히 몇 년을 일하고 작년에야 겨우 한 첨지네 땅을 조금 얻어 소작을 시작했다. 기골이 장대한 이 서방과 태가 고운 아내가 빈한한 살림에도 마음 맞추고 손발 맞춰 싹싹하게 일하는 모습이 마을 사람들 눈에 보기 좋았다.

그런 이 서방댁이 아기를 가져 배가 불러 오자, 마을 사람들은 가난한 살림에도 모두 제 일처럼 기뻐하며 챙겨 주었다. 어린 손주 하나 기르며 사는 수맹 할머이도 그러했다. 제 딸 보듯, 제 며느리 보듯 이 서방댁을 보았다. 그랬건만…… 이게 무슨 일이란 말인가? 근방에 두루두루 아이 받으러 다닌 세월이 있으니 이런 일 저런 일을 다 겪어 본 수맹 할머이였다. 그런데도 그날은 여간 당황스러운 게 아니었다. 불러 오는 배가 어미 몸에 비해 버겁게 크다고는 생각했다. 어미가 배부르게 먹지는 못했어도 아비 등치가 있으니 다른 아기들보다 크려니 싶기도 했다. 배가 앞으로, 옆으로 크기도 제법 큰 구릉만 했던 것으로 보아 튼실한 대들보 기둥뿌리가 들어앉았지 싶었다. 그런 아들 낳으려면 어미가 고생을 좀 하지 하는 생각도 들었다.

'그래도 그렇지! 어미가 이렇게 용을 썼는데도 나오지 못하는 아기를 어찌해야 한단 말인가?'

이제는 기력이 다해 소리도 지르지 못하고 눈이 허옇게 뒤집힌 앳된 초산의 산모 곁에서 당황한 수맹 할머이는 소리를 버럭버럭 질렀다.

"찬물! 찬물!"

부뚜막 앞에서 땀 뻘뻘 흘리며 불을 때던 이 서방이 차마 들어오지 못하고 찬물 한 사발을 방으로 들여놓고 얼른 문을 닫았다. 수맹 할머이가 축 늘어진 어미의 등 뒤에 손을 넣었다. 산모의 머리를 들어 올려 가뭄 든 논바닥처럼 쩍쩍 갈라져 터진 입술에 물 대접을 갖다 대었다. 찬물이 옆으로 주르륵 흘렀다. 어미가 눈을 뜨지 못했다. 수맹 할머이가 찬물을 입에 머금어 어미의 얼굴에 확 뿌렸다.

어미가… 겨우… 눈을… 떴다.

"말똥네! 말똥네!"

집주인 말똥네를 부르는 수맹 할머이 목소리가 다급했다.

"왜? 왜 그러세요?"

"거, 말똥네 없수? …… 할 수 없지. 이 서방 들어오우!"

"제…제가요?"

"얼른! 얼른! 내외할 때 아니야!"

이 서방이 놀라서 허겁지겁 뛰어 들어왔다. 수맹 할머이가 시키는 대로 잡으라면 잡고, 누르라면 눌렀다. 어미는 죽기 살기로 힘을 내었다. 세 사람은 모두 땀범벅이 되었다. 한 생명이 세상에 오는 일이었다. 이보다 더 중한 일이 있겠는가?

그때, 갑자기 초가집 주변이 밝아졌다. 동네 여자들이 횃불을 들고 모여든 것이다. 부엌에 들어선 동네 여자들은 말도 없이 척척 알아서 제 역할을 했다. 집주인 말똥네가 가마솥에서 뜨거운 물을 퍼 담고 마른 수건을 챙겨서 방으로 들어가니, 소똥네는 다른 솥뚜껑을 열어 미역국 간을 보았다. 개똥네는 얼른 상을 차렸다. 자기들 경험에 의하면, 이 정도 됐으면 아이가 세상 구경 나올 때였다.

그러나 방 안에서는 아직도 어미의 죽을 둥 살 둥 하는 소리만 들렸다. 부엌에 모인 여자들도 소리 없이 얇은 방문 창호지 너머의 소리에만 귀를 기울였다.

"아아아아아아아아악!"

길고 무서운 비명이 터졌다. 그리고 잠시 후 아이 울음소리가 들렸다.

"크아아아앙! 크앙! 크앙! 크앙!"

그리고는…… 더 이상 누구의 목소리도 들리지 않았다. 오직 세상을 향해 포효하는 아기의 우렁찬 울음소리만 허공을 가를 뿐이었다.

"……."

"……."

하얀 김이 뜨끈뜨끈하게 올라오는 가마솥 불을 줄이려 아궁이를 다독이던 손길이 멈췄다. 개똥네였다. 문 앞에 서 있던 소똥네가 조심스레 문고리를 잡아 '삐걱'하고 방문을 열자, 방 안에 있던 말똥네가 얼른 문을 닫았다.

"아이구머니!"

소똥네가 털썩 주저앉았다. 어깨가 떡 벌어진 장군감이었어도 갓난아기는 여자아이였다. 세상에 나오느라 어찌나 고생했는지 아래턱을 덜덜 떨었다. 말똥네는 따뜻한 물로 아기를 씻겨 배냇저고리를 입혔다. 어미가 한 첨지 댁 바느질을 해 주고 얻은 무명천으로 지어 놓은 것이었다. 말똥네는 배냇저고리 차림의 아기를 무명 강보로 잘 감싸서 어미의 축 처진 팔 위에 눕혀 주었다. 그러나 어미는 이미 고개를 떨군 채 미동도 없었다.

아기가 컸다. 커도 너무 컸다. 그 큰 아기가 그동안 못 쉬었던 숨을 다 토해 내기라도 할 기세로 크게 울어 젖혔다. 넋이 빠져 있던 이 서방이 그 소리에 정신을 차렸다. 그리고 그 큰 몸을 접어 갓 태어난 아기와 이제 막 세상을 떠난 어미를 들여다보았다. 말똥네가 조심스레 아기를 들어 안고, 한껏 지쳐 벽에 기대 널브러진 수맹 할머이 곁으로 갔다. 여기저기 기운 낡은 솜이불로 어미의 몸을 꽁꽁 감싸 주던 이 서방이 그만 그 이불을 끌어안고 엎어졌다. 그 이불에 얼굴을 파묻고 갈 곳 없는 울음을 쏟아 내었다.

"우우우웅! 우우우웅!"

마니산 곰이 우는 소리가 이와 같을까? 그 소리에 정신이 든 수맹 할머이가 말똥네에게서 아기를 받아 추슬러 안고 조용히 말했다.

"암죽 끓여야겠네."

동네 여자들이 바삐 움직였다. 그때 부엌 앞으로 작은 횃불이 들어왔다. 오매불망 할머이를 기다리다 찾아온 다섯 살짜리 남자아이, 수맹이었다. 그 밤, 해 떨어지고 달이 뜬 그 평범한 밤에 한 생명이 왔고, 한 생명이 갔다. 사람들은 그것을 '출생'과 '죽음'이라 말한다. 가슴 아픈 일이지만 그때는 그런 일이 흔했다. 아기가 태어나고 어미가 죽는 일, 어미가 죽어서 아기도 죽는 일!

짝을 잃은 이 서방은 곰처럼 웅웅 울었지만, 수맹 할머이는 그래도 아기가 산 것이 신기하고 고마웠다. 강보에 싸인 아기는 양껏 울다 지쳐 잠이 들었다. 수맹 할머이는 아기를 솜이불로 단단히 감싸 안고 집으로 가면서 하늘을 올려다보고 연신 중얼거렸다.

“고맙습니다. 참말 고맙습니다.”

조그만 횃불을 들고 앞장선 수맹이도 할머이를 따라 하늘 보고 고맙다고 중얼거렸다. 둥근 달이 세 사람을 환히 비추었다. 얼마나 지났을까? 강화 바다에, 강화에서 가장 높은 마니산에, 새 사람이 태어난 정족산 자락 길상촌에 붉은 해가 떴다. 그리하여 어둠은 갔고, 새날이 밝았다. 강화섬 소작농의 딸 아지가 그렇게 세상에 왔다.

궁궐의 액을 막을 사주

며칠 후, 수맹 할머이는 관아에 가서 길상촌에 엄청나게 큰 아이가 태어났다고 신고했다. 관아에서 나와 아지의 체격을 재고, 태어난 날과 시를 받아 갔다. 개똥이네, 소똥이네, 말똥이네와 수맹 할머이를 비롯한 마을 사람들은 어미의 목숨값으로 세상에 온 아이를 함께 돌보았다. 수맹이는 갓난쟁이 아지를 예뻐해서 그 주위를 떠나지 않고 지켰고, 이 서방과 동네 사내들이 세상 떠난 어미를 바다가 잘 보이고, 햇볕 잘 드는 산자락에 묻어 주었다.

그 겨울이 지났다. 꽁꽁 얼었던 땅이 풀리는 봄이 오자 강화섬 어디에나 그렇듯이 어미를 묻은 산자락에도 퍼런 쑥들이 지천으로 피어났다. 해풍 맞으며 겨울을 이겨 낸 사자발쑥이었다.

이 서방네 큰 아기 '아지'도 쑥쑥 자랐다. 아비가 논에 나가면 수맹 할머이와 수맹이가 아지를 돌보았다. 이 서방은 그런 수맹 할머이를 어머니로 모시고 수맹이를 돌보면서 고마운 이웃들의 일을 힘껏 도왔다. 길상촌 곳곳에 이 서방 손길이 닿지 않은 곳이 없었다. 그렇게 서로서로 도우며 살다 보니 아지도 기운차게 쑥쑥 자랐다.

말똥이네 초가 한 칸을 얻어 살던 이 서방네 집은 두 칸 초가가 되었다. 솜씨 좋은 이 서방이 수맹 할머이 집 옆에 터를 닦고, 산에서 베어 온 나무들로 뚝딱뚝딱 틀을 세울 때, 동네 사람들이 기쁜 마음으로 울력을 했다. 짚과 흙을 이겨 벽을 바를 때는 또 어땠는가? 어린 수맹이와 아지까지도 어른들 사이를 오가며 한몫을 단단히 했다. 짚을 이어 지붕까지 얹고 마지막으로 구들에 불을 들일 때, 이 서방과 아지는 물론 마을 사람들이 어찌나 좋아했던지 초가지붕 위의 둥근 달도 함박 웃었다. 아지는 그 두 칸 초가집에서 더 쑥쑥, 그야말로 더욱더 쑥쑥 자랐다.

"아버지! 아버지! 요것만 하고 나무하러 가도 되지요?

할머이 기침이 심해져서요."

철종 2년(1851년), 아지가 아홉 살 되던 해의 초봄이었다. 아비를 도와 논밭의 흙을 고르던 아지가 말했다.

겨우내 딱딱해진 흙을 골라 부드럽게 하는 일은 한 해 농사의 시작이었다. 아지는 제힘으로 걸어 다니기 시작하면서부터 아비를 따라 논에 나와 일을 거들었고, 아홉 살이 된 지금은 열네 살 수맹이보다 일을 더 잘했다. 아지는 여자였지만 남자인 수맹이보다 뼈대가 굵고 키가 클 뿐 아니라 힘이 장사였다.

어릴 때부터 아지 곁에서 오라버니 역할을 했던 수맹이는 어느 날부터 아지가 제 키를 훌쩍 넘어 버리자 오히려 아지에게 의지하는 일이 많아졌다. 그도 그럴 것이 작년 가을 추수 때 자신이 낑낑대기만 하고 한 치도 들어 올리지 못하던 쌀가마니를 아지가 번쩍 들어 옮기는 것을 보고서야 무슨 오빠 체면이 서겠는가? 그렇지만 아지가 태어나던 밤을 어렴풋이 기억하는 수맹이는 '힘은 아지가 넉넉하게 쓰고, 대신에 자신은 마음을 넉넉하게 쓰겠다'고 다짐했다. 비록 힘은 없지만 품이라도 넓으면 좀 낫지 않겠는가? 그런 마음이었다.

그날 아지는 수맹이와 함께 정족산 너머 마니산까지 나무하러 갔다. 워낙 약골로 태어난 수맹이는 빈 지게를 지고 마니산까지 가는 일도 버거웠다.

"꼭 마니산까지 가야 하나? 그냥 여기서 마른 가지들이나 주워 가면 되지."

지친 수맹이가 땀을 뻘뻘 흘리며 말하자 아지가 말했다.

"할머이 기침 소리 못 들었어? 이렇게 가는 가지로만 불을 때면 언제 할머이 기침이 낫겠어? 굵은 나무를 해 와야 할머이가 오래 따뜻하게 주무시지."

듣고 보니 맞는 말이었다. 자기 할머이를 위해서 가자는데 그것도 못 하면 되겠는가? 수맹이도 힘을 내어 봤지만 후들거리는 다리는 어쩔 수 없었다.

"아구구야! 좀 쉬었다 가자. 아지야!"

그러자 아지는 등에 메었던 제 지게를 오른쪽 어깨에 걸고, 수맹이 지게를 벗겨 제 왼쪽 어깨에 척 걸쳤다. 그리고 지겟작대기 두 개를 양손에 쥐고 땅을 짚으며 성큼

성큼 나아갔다. 수맹이는 부지런히 아지 뒤를 따라가며 큰 소리로 말했다.

"너는 어찌 그리 힘이 세냐? 오빠가 오빠 노릇도 못 하고……. 미안하게시리."

아지가 돌아보지도 않고 하늘 한 번 보더니 웃음을 터트렸다.

"나도 몰라! 울 아버지 말씀이 나는 그냥 그렇게 태어난 거라셨어. 삼신 할머이가 키도 크고 힘도 세라며 뼈대가 길고 튼튼한 아이로 보내셨대."

아지의 말에 수맹이가 물었다.

"왜? 왜 그러셨대?"

"히, 오빠는 그것도 몰라? 나보다 힘이 약한 사람을 도우라고 그러신 거지. 그러니까 오빠! 미안해하지 마! 나 힘들지 않아."

아지의 말에 수맹이가 고개를 갸우뚱했다.

"고마워. 아지야. 그런데 아저씨 말씀대로면 나는 삼신 할머이가 약한 아이로 만들어서 보냈단 말인가? 도대체 왜 그러셨지?"

앞서가던 아지가 휙 돌아섰다. 수맹이보다 목 하나가 더 큰 아지의 얼굴이 진지해졌다.

"오빠는 마음이 크잖아. 나는 오빠가 있어서 든든해. 장에 나갈 때 사람들이 나를 보고 깜짝깜짝 놀라도 오빠가 있으니까 괜찮단 말이야."

아지 말에 수맹이 얼굴이 환해졌다.

"그래? 그러면 다행이네. 내가 아지 너 시집가도 평생 곁에 있을게."

"시집가도? 알았어!"

"그런데…… 네가 멀리 시집가면 어쩌지?"

수맹이의 걱정에 아지가 말했다.

"뭐가 걱정이야? 이 동네로 시집가면 되는 거지!"

"그래. 아지야! 꼭 우리 동네로 시집가! 멀리 시집가면 안 된다. 하하!"

"알았어! 근데 오빠! 삼신 할머이가 약하게 만들었다고 평생 그렇게 살고 싶은 건 아니지?"

"아니지……. 나도 곧 어른인데 어떻게든 힘을 길러야지. 나도 아지 너처럼 자기 일도 잘하고, 다른 사람도 도와주면서 살고 싶어."

수맹의 대답에 아지의 얼굴이 활짝 웃었다.

"그러니까! 마니산까지 가야겠어? 안 가야겠어?"

"알았어. 알았다고……."

그날 마니산에서도 한바탕 실랑이가 있었다. 호기심 많은 아지가 마니산에 왔으니 참성단을 보고 싶다고 우기는 것이었다.

"아니, 단군 할아버이께서 여기에 제단을 쌓으셨다는데 어떻게 안 보고 갈 수가 있어? 신기하지 않아? 오빠! 단군 할아버이는 어떻게 하늘에서 내려왔을까? 저 하늘에는 또 누가 살고 있을까?"

숨이 목까지 차오른 수맹이 얼굴이 뻘겋다 못해 점점 허옇게 변해 갔다.

"나… 나…는 도…저히… 모…못… 가."

수맹이는 기절하기 일보 직전이었다. 그런 수맹이 때문에 쉬엄쉬엄 오다 보니 그만 해가 넘어갔다.

어른들은 걱정이 이만저만이 아니었다. 혹시 산짐승에게 다쳤나, 바다에 빠졌나 걱정이 되어 마을 어른들이 모두 찾아 나섰다. 어두운 밤, 강화섬 바닷가와 산자락에 횃불들이 일렁였다. 그 불빛 사이로 숨이 꼴깍 넘어가도록 지친 수맹이를 데리고 어른처럼 나무를 한 짐 진 아지가 나타났다. 어른들은 놀란 가슴을 쓸어내렸다. 수맹 할머이는 자신을 위해 마니산까지 나무하러 갔었다는 아지에게 다시는 그러지 말라고 엄히 말했지만, 속으로는 아지가 힘만 센 것이 아니라 마음이 따뜻하고 속이 깊은 아이라 고맙고 기특했다. 아지 아버지인 이 서방도 다찬가지였다. 제 몸 잘 건사하면서 다정한 마음으로 사람들과도 잘 지내겠구나 싶어 안심이 되었다.

그러나 한편으로 아비 이 서방과 수맹 할머이는 아지가 열 살이 되기까지 한 해밖에 남지 않아 마음이 쓰였다. 아지가 열 살이 되면 한성으로 가서 입궁해야 하기 때문이었다. 관아에서 아지의 사주가 궁궐의 액을 막아 준다고 하여 궁중 액맥이로 입궁하라는 결정이 내려진 것이다.

"그게 무슨 말입니까? 궁중 액맥이라니요? 안 됩니다. 못 보냅니다. 하나밖에 없는 자식입니다. 제발 취소해 주십시오. 이렇게 부탁드립니다."

이 서방이 그 결정을 취소해 달라고 관에 아무리 호소를 하여도 이미 결정된 일이니 무를 방법이 없다는 말만 들었을 뿐이다. 오히려 관의 결정에 불응한다는 죄로 매까지 맞고 나왔다. 힘으로 하자고 들면 기골이 장대하고 젊은 이 서방이 그 매를 맞겠는가? 관에서 하는 일, 나라님과 나라의 액을 막는 일이라면 하나뿐인 자식이라도 내어놓는 것, 그것이 백성의 도리였다. 하늘을 나는 새도 떨어뜨리고 백성의 생사여탈을 주관하는 관에서 그러하다니, 힘없는 백성인 이 서방은 어찌해 볼 방법이 없었다. 관에 기록되고 눈에 띄는 몸을 가진 아지를 데리고 숨어들 곳도 마땅치 않았다. 아지와 수맹이는 아직 그 사실을 몰랐다. 하지만 이제는 아지가 9살이 되었으니 이 서방과 수맹할머이는 아지의 입궁을 준비해야 했다.

나도 알고 싶어

어느 날, 아지가 저녁을 먹고 수맹 할머이 집에 놀러 갔다. 겨우내 아껴 먹고 몇 알 남지 않은 고구마를 다 쪄서 두 개를 사발에 담아 두고, 남은 것을 아비와 함께 저녁으로 먹었다. 아지가 고구마 사발을 품에 안고 수맹 할머이 집 마당에 들어섰다. 아지 발소리에 벌컥 방문이 열렸다. 수맹 오빠였다.

"할머이! 고구마 잡수세요."

할머이는 방 안 가득 펼쳐 놓고 이불을 꿰매고 계셨다. 수맹 오빠는 윗목에서 낡은 밥상을 놓고 책을 읽었다. 책은 낡고 찢어진 부분도 있었지만, 수맹 오빠는 어떻게든 책을 수선해 놓았다. 그리고선 그 책이 다시 나달나달해

질 때까지 보고 또 보는 것이었다.

“칫! 방문 활짝 열어 반길 때는 언제고, 내가 왔는데도 책에 코를 박고 있기란 말이야?”

수맹이는 아지의 말에 고개 들어 ‘히’ 웃고는 다시 책에 코를 박았다. 그런 수맹이를 보고 아지가 물었다.

“그거… 재밌어?”

“응… 조금씩 알아 가니까…….”

“그래? 나도 알려 줘.”

“왜? 너도 알고 싶어?”

“그럼! 오빠가 아는 거 나도 알고 싶어! 재밌는 거 혼자만 알고! 욕심쟁이!”

“그래? 그렇단 말이지? 알았어. 이리 나와!”

수맹이와 아지는 부엌으로 갔다. 수맹이는 아궁이에서 군불 때던 나무를 하나 집어 흙바닥에 글씨를 썼다. 전등사 작은 스님의 심부름을 해 주고 조금씩 배운 한자였다. 작은 스님은 체구는 작아도 알려 주면 제법 잘 배우는 수맹이가 기특하여 자신이 보던 농서나 양반집이나 서당에서 흘러나오는 낡은 책들을 주었다. 수맹이는 배우는 걸 좋아했다. 양반집 도령처럼 서당에는 못 다니지만, 작은 스님에게 부지런히 배우고 저녁마다 열심히 익혔다. 그렇게 알게 된 것을 이제 아지에게 알려 주려는 것이었다. 아지도 수맹이처럼 배우는 걸 좋아했다. 둘이 한창 머리를 맞대고 가르치고 배우느라 재미났는데, 벌컥 문이 열렸다.

"추운데 거기서 뭐 하냐? 방 뜨뜻하니 그만 들어와라. 할머이가 얘기책 읽어 줄 테니."

둘은 얼른 방으로 들어갔다.

"할머이! 오늘은 제가 읽어 드릴게요. 저도 이제 언문은 잘 읽어요. 쓰기도 잘하는걸요? 부엌 바닥에 써 볼까요?"

"그렇지! 그렇지! 아이구! 장해라! 어디 똘똘한 우리 아지가 읽어 주는 『박타기전』을 들어 볼까?"

수맹 할머이는 윗목으로 밀어 두었던 이불을 다시 펼치고 반짇고리를 열었다. 수맹이가 얼른 등잔불 앞에 바늘귀를 대고 실을 꿰며 말했다.

"읽다가 못 읽겠으면 오빠한테 줘. 내가 읽어 줄게."

수맹이의 말에 아지가 콧방귀를 뀌었다.

"흥! 한자는 처음 배우니까 틀렸지. 언문은 얼마나 읽기 쉽고 쓰기 쉬운데! 들어 보시라고!"

수맹이가 어서 읽어 보라는 시늉을 하자 아지가 책을 척 펼치더니 제법 줄줄 읽었다. 듣기에 구수했다..

아지가 대여섯 살 때, 수맹 할머이가 윗목 대나무 고리에 담아 둔 얘기책을 꺼내 와서 읽어 달라고 했다. 같은 책을 여러 번 읽어 줘도 지루해하지 않고 다시 읽어 달라고 했다. 그러더니 어느 날, 스스로 언문을 깨우쳐 얘기책을 읽기 시작하더니 이번에는 쓰기를 가르쳐 달라고 졸랐다. 수맹 할머이도 수맹이처럼 부엌 흙바닥에 '기역', '니은', '아', '야', '어', '여'를 써서 알려 주었더니 못 쓰는 글이 없었다. 수맹이와 아지는 비록 서당을 다니지 못해도 흙바닥만 있으면 무엇이든 배울 수 있어서 좋았다.

아지가 읽어 주는 『박타기전』이 끝을 향해 달려가는데, 이마에 땀이 송송 맺히고 끙끙 앓는 소리를 내던 수맹이가 허리춤을 쥐고 밖으로 뛰쳐나갔다. 어지간히 참은 모양이었다. 그 모습을 보고 수맹 할머이와 아지는 웃음보가 터졌다. 그러나 수맹 할머이의 웃음은 오래 가지 않았다. 한참 웃던 아지는 어쩐지 수맹 할머이 얼굴이 점점 어두워지는 것 같아 웃음을 멈췄다.

"아지야! 애기책 읽는 게 재밌냐?"

수맹 할머이가 물었다.

"네. 재밌어요."

"그렇구나. 근데 아버지가 무슨 말씀 안 하시더냐?"

"아니요. 그런데 얼마 전에 무슨 말씀인지 하시려다 마시더라고요. 무슨 일 있어요? 할머이?"

"아니야. 조만간 아버지가 무슨 말씀 하실 게다. 아버지 혼자 계시는데 어서 가 봐라. 할머이도 이제 피곤하구나."

아지는 평소와 다른 수맹 할머이의 말씀에 속으로 무슨 일인지 걱정이 되었다. 하지만 얌전하게 대답하고 일어섰다.

"네. 그렇게 할게요. 할머이. 할머이도 이불 그만 꿰매시고 얼른 주무세요. 내일 제가 도와드릴게요."

"아니다. 아직 급할 것 없다. 내가 쉬엄쉬엄할 테니 걱정 말고 어서 가거라. 아버지 혼자 계신다."

집으로 돌아오는 아지의 발걸음이 무거웠다.

'할머이는 왜 새 이불을 지으시지? 아버지가 혼자 계신다는 말씀을 왜 자꾸 하시는 걸까?'

집 마당에 들어서니 아버지 방의 불이 꺼져 있었다. 아버지가 주무실까 싶어 조심조심 들어가는데 아버지 방에서 기침 소리가 났다.

"아버지! 다녀왔습니다."

인사를 드리자, 아버지 방의 등잔불이 켜졌다.

"늦었구나. 아지야! 이리 들어와라."

이 서방의 목소리가 가라앉았다. 무슨 일인지 모르겠지만 토방에 오르는 아지의 발걸음도 무거웠다. 그 밤, 아지는 잠이 오지 않았다. 이 서방도 밤새 뒤척이긴 마찬가지였다. 아비의 한숨으로 구들장이 내려앉는 무거운 밤이었다.

어찌할 수 없는, 운명

'내가 궐에 가야 한다고? 나라에서 그렇게 정했다고? 나는 강화섬에서 아버지랑 수맹 할머이랑 수맹 오빠랑 살고 싶은데…… 왜?'

아지는 아무래도 아버지 말씀이 이해되지 않았다. 이불을 쓰고 누워 있던 아지는 벌떡 일어나 앉았다. 양손으로 머리를 잡고 뒤흔들어 봐도 혼란스럽기만 했다. 9살 아지는 그렇게 앉았다 누웠다 일어섰다 하며 밤을 새웠다.

다음 날, 부녀의 아침은 힘겨웠다. 퀭한 눈으로 마주한 부녀는 멀건 미음을 앞에 놓고 먹지를 못했다. 한참을 그러고 앉았다가 아비가 먼저 한술 뜨며 입을 열었다.

"먹자. 아지야!"

"……."

아비의 말에 고개 숙인 아지의 눈에서 눈물이 뚝뚝 떨어졌다.

"미안하다! 아비가……."

아비의 그 말이 아지의 가슴에 꽂혔다. 결국 참았던 눈물이 터졌다. 부녀는 서로 얼싸안고 펑펑 울었다. 방 안에서 통곡하는 부녀의 울음소리는 울타리를 넘었다. 차마 안으로 들어서지 못한 채 울타리 밖에서 함께 우는 사람들이 있었으니 수맹이와 수맹 할머이였다. 부녀의 통곡을 듣는 수맹이의 두 손이 부들부들 떨렸다. 개똥네, 소똥네, 말똥네도 울 밖으로 나와 아지 부녀의 통곡에 함께 울었다.

그날 해거름에 아지가 수맹 할머이를 찾아왔다. 얼마나 울었는지 퉁퉁 부은 얼굴이 안쓰러워 할머이는 아지를 안고 얼굴을 쓸어 주었다. 몸피가 줄어 아주 자그마해진 수맹 할머이 품으로 훌쩍 큰 아지가 꼭 서너 살 어린애처럼 파고들었다.

"할머이! 저 안 가면…… 진짜 안 돼요? 꼭 가야 해요?"

한참을 울고 난 아지가 어리광을 부리며 물었다. 수맹 할머이도 가슴이 아렸다. 어미 잃은 갓난 아지를 자신의 품에서 길러 내지 않았던가? 수맹 할머이의 머릿속에서 그 시간이 한순간에 지나갔다.

"할머이! 저 궁에 가기 싫어요. 안 갈 방법이 없어요?"

"…… 방법이 있었다면 네 아버지가 벌써 찾았겠지……. 나라에서 결정한 것을 우리 같은 백성이 어찌하겠냐?"

그때, 수맹이가 전등사에서 돌아왔다.

"오빠! 오빠가 읽는 책에는 나 입궁 안 해도 되는 방법은 없어?"

엉엉 울던 아지가 충혈된 눈으로 수맹이를 바라보며 물었다. 수맹이가 대답을 못 하고 눈을 피했다. 수맹이의 눈도 붉어졌다.

"바보! 그런 것도 없는 책을 뭐 하러 읽어? 나는 아버지랑 할머이랑 오빠랑 두고 길상촌을 떠나고 싶지 않아. 한성에 가고 싶지 않다고! 오가는 사람만 많고 시끄럽고 요란해! 임금님이 사신다는 궁궐에서 살고 싶지도 않아. 나는 우리 아버지 사시는 이 초가집이 좋아! 그런데 왜……."

애꿎은 수맹이에게 쏟아붓는 아지의 입을 수맹 할머니가 급히 막았다. 그리고 아지가 여태까지 한 번도 보지 못한 무서운 얼굴로 아지를 바라보았다. 어젯밤 아버지보다 더 무서운 얼굴이었다. 아지는 너무 놀라 딸꾹질을 시작했다. 수맹 할머니는 겁에 질린 아지의 딸꾹질이 멈추길 기다렸다가 조용히 입을 열었다.

"아지야! 할머이 말 잘 들어라. 너도 이제 어린애가 아니야. 말과 행동을 조심해야지. 그렇지 않으면 아주, 아주 큰 화를 입을 수 있단 말이다. 할머이 말 가슴에 새겨야 한다. 허투루 들었다가는 너희 아버지까지 큰일 난다. 알아들었지?"

할머이의 눈빛이 다른 날과 달랐다. 그 엄하고 차가운 눈빛을 마주 보던 아지가 천천히 고개를 끄덕이며 대답했다.

"예. 알겠어요. 할머이."

아지의 대답이 그만하면 되었는지 수맹 할머이가 아지 손을 잡고 조금은 부드러운 소리로 타일렀다.

"아지야, 세상은 네 마음대로만 살 수 없단다. 그건 너도 알고 있지?"

"네. 알아요."

"그렇지! 영특한 우리 아지가 그걸 모를 리가 없지. 그렇다면 우리 같은 백성들은 나라에서 정한 일을 거부할 수 없다는 것도 알고 있지?"

"……."

"왜 대답을 하지 않느냐? 무슨 생각을 하는 게냐?"

"왜? 왜 그래야 해요? 할머이?"

아지가 정말 모르겠다는 눈으로 할머이 눈을 마주 보며 물었다. 그 물음에 수맹 할머이의 억장이 그만 무너져 내렸다.

"왜냐고 묻지 마라, 아지야. 세상이 그렇다. 세상이…… 아무리 싫어도 싫다고 할 수 없는 것이 있지 않느냐?"

"……."

"어찌할 수 없는, 운명이라는 게 있단 말이다. 네가 입궁하는 게 그런 거다. 관에서 정한 것을 거스를 수 없는 게 우리 백성의 운명이란 말이다."

"그…그렇…지만……."

"또! 토 달지 마라! 세상이 그런 걸 토 달아서 어쩌겠니? 세상이 그렇다는데……. 너를 멀리 보내는 아버지는 마음이 편하시겠니? 수맹이랑 나는 어떻겠니? 가기 싫은 네 마음은 오죽하겠니? …… 그래도 어쩔 수가 없으니…… 후우!"

할머이의 한숨에 초가지붕이 내려앉을 것 같았다. 아지는 더 이상 아무 말도 할 수 없었다. 태산같이 든든하던 어른들의 어깨가 내려앉는 것을 보고서야 무슨 말을 하겠는가?

지존을 지키는 일

며칠 후, 아지와 수맹이는 읍내 관아를 찾아갔다. 수맹이는 끝까지 안 된다고 말렸다. 하지만 아지의 고집을 꺾을 수 없었다. 아지는 기어이 자기가 궁에 들어가지 않아야 하는 이유를 언문으로 써서 관아 문 앞에 선 것이었다. 그러나 막상 문지기가 창을 들고 관아 문 앞에 딱 서 있는 걸 보니 오금이 저렸다. 그 앞을 오가는 어른들도 괜히 고개를 제대로 들지 못하고 구부정하게 종종걸음을 치는 걸 보니 더 그랬다.

"관아는 무, 무서운 곳이야. 너 그러다 아저씨가 잡혀와서 또 곤장 맞을 수도 있어."

수맹 오빠가 바들바들 떨면서 아지의 소맷자락을 잡아

끌었다. 둘이서 실랑이를 하자, 문지기가 아지와 수맹이를 휙 돌아보았다.

"흡!"

아지와 수맹이는 얼른 돌아섰다. 하지만 문지기가 이 둘을 불렀다. 낯빛이 파랗게 질린 수맹이를 뒤로 하고, 아지가 문지기에게 갔다.

"무슨 일이냐?"

문지기가 물었다. 아지는 두려웠지만 용기를 냈다.

"네. 저는 길상촌에 사는 아지라고 합니다. 제가 내년에 입궁하라는 명을 받아서……."

"입궁? …… 무슨…… 일로?"

"그게……."

아지는 선뜻 입이 떨어지지 않았다. 비록 덩치가 크고 힘이 있다고 해도 아직은 9살이었다. 그때 문지기가 먼 산을 보며 말했다.

"어쨌든 좋겠구나. 이놈의 팔자는 지존이 계시는 곳 근처에도 못 가 보는데……."

"네? 지존…이요?"

"그렇지! 임금님은 아무나 뵐 수도 없고, 나라에서 제일 높은 분이지 않으냐? 우리 마을에도 입궁한 나인이 있는데, 다달이 월봉을 받아 가족을 건사하셨지."

"월봉이요? 그게 뭔데요?"

"그게, 흠……. 관에서 일하면 일한 값을 달마다 받는다. 다달이 받으니 월봉……."

"달마다 일한 값을 받는다고요?"

"그렇지. 그런데 그분은 어릴 때부터 인물이 출중해서 뽑혀 갔다고 들었는데……?"

길쭉하니 키만 크고, 살집이라고는 없이 어깨가 떡 벌어진 아지를 보고 고개를 갸웃거리며 문지기가 말끝을 흐렸다. 그러거나 말거나 아지의 얼굴에는 생기 가득 낮꽃이 피었다.

"그러게요! 고맙습니다. 문지기 어르신!"

집으로 오는 길이 왜 이리 더디던가? 아지는 빨리 집에 가서 아버지와 할머이에게 슬퍼할 일이 아니라고 얘기하고 싶었다. 영문도 모른 채 아지를 따라잡기에 급급한 수맹이는 길상촌 들어가는 입구에 널브러져 숨을 헐

떡거렸다.

"히! 오빠 힘들었구나! 내가 마음이 급했네."

아지가 수맹이 옆에 앉으며 말했다. 헐떡이던 숨이 제자리로 돌아오자 수맹이가 물었다.

"도대체 무슨 일이야? 갈 때는 죽을 일이더니, 왜 갑자기 살 일이 되었어?"

잔뜩 흥분한 아지의 얼굴이 붉어졌다. 가뜩이나 시원시원한 걸음걸이로 뛰다시피 왔으니 열이 날 만도 했다. 아지는 눈을 들어 하늘을 올려다보았다.

"아버지랑 할머니랑 오빠랑 못 보고, 길상촌을 떠나는 건 슬프지만……."

"슬프지만?"

"지존이 계시는 곳에 가는 거니까 좋아!"

아지의 생기 돋는 말에 수맹이가 갸우뚱했다.

"지존?"

"응, 지존! 아까 수문장 아저씨가 그러시던걸? 생각해 봐. 오빠. 지존은 지극히 존귀한 존재잖아. 왜 그러겠어?"

"글쎄……. 백성을 다스리는 나라님이시니까 그렇겠

지.”

수맹이의 힘없는 대답에 하늘을 올려다보던 아지가 고개를 내려 수맹을 향해 몸을 돌렸다.

“그러니까 내가 지존이신 나라님의 액을 막아 드린다면 우리 백성들 모두의 액을 막는 거 아니야? 그러니까 좋은 거지.”

아지의 말에 수맹은 여전히 고개를 갸우뚱거렸다.

“그런가? …… 그래도 아지야, 너는 무섭지 않아? 읍내 관아에만 가도 다리가 벌벌 떨리는데…… 나라님이 계시는 궁궐이라니…….”

“으으으, 무서워! 그래도 말이야. 아까 관아 수문장 아저씨도 생각보다는 덜 무서웠잖아? 무서워만 하지 않고 내가 잘하면 되지 않을까? 나를 잘 모르는 사람들은 나를 보고 놀라기도 하지만, 나를 잘 아시는 마을 어른들은 나를 예뻐하시잖아? 동무들하고도 잘 놀고! 지금처럼 내가 잘하고, 사람들하고 친해지면 거기서도 괜찮지 않을까?”

“그럴까? …… 그렇겠지? 그래! 너는 마음씨도 좋고, 남의 마음도 잘 헤아리고, 손도 빠르고, 일솜씨도 좋고, 말도 예쁘게 하니까…….”

“맞아! 그럴 거야. 둔지기 어른은 가 보고 싶어도 못 가는 곳이라고 하시던데? 그런 곳이라니 꼭 가 보고 싶어. 게다가 거기서 일하면 매달 일한 값을 준대. 일 년에 한 번 추수해서 받는 게 아니고 매달 준대. 정말 좋겠지? 오빠! 나는 열심히 일해서 우리 아버지 논밭을 마련해 드리고 싶어! 그러면 가을 추수 때 거둔 곡식이 다 우리 거잖아? 그러면 참 좋겠다! 그렇지?”

수맹 오빠가 눈을 동그랗게 뜨고 말했다.

“맞아! 그렇긴 하겠네! …… 그렇지만…….”

“오빠! 어쩔 수 없는 일이라면 좋은 걸 봐! 내가 열심히 일해서 할머이랑 오빠도 배고프지 않게 해 줄게. 보릿고개에도 밥 먹게 해 줄 거야!”

상상만 해도 좋은지 아지는 하늘 향해 양팔을 펴고 빙빙 돌았다. 그런 아지를 보고 수맹의 얼굴도 조금씩 환해졌다. 둘은 신바람이 나서 부지런히 집으로 돌아갔다. 어제의 슬픔은 빈 들판 위로 멀리멀리 날아갔다.

그날부터 아지는 마음의 준비를 했다. 궁에 들어가면

아비와 함께 지낼 수 없고, 결혼도 할 수 없고, 마음대로 나올 수도 없다고 했다. 비록 두어 번이지만 아비를 따라 한성까지 오가며 사방팔방 활개 치고 살던 아지에게는 그런 삶이 답답할 수도 있었다. 하지만 아지는 좋은 쪽으로 생각했다. 아지는 자기 몸이 남들과 다르다는 걸 잘 알았다. 삼신 할머이가 만들어 준 크고 힘센 몸을 나라님을 지키는 데 쓴다고 생각하면 좋지 않은가? 나라님은 조선의 백성들을 돌보는 지존이자 어버이 아닌가 말이다. 아지는 '지존'이라는 말이 참 좋았다. '지극히 존귀한 존재'가 사는 '지극히 존귀한 장소', 아무나 드나들 수 없는 곳에 가는 것도 나름대로 좋았다. 수맹 오빠에게도 말하지 않았지만 아무도 없을 때, 혼자 하늘을 향해 이런 말도 했다.

"'지존을 지키는 일'이라니 참말 멋져요! 그런 일을 하게 하시다니! 고맙습니다아아아!"

하지만 어른들은 그렇지 않았다. 겉으로 드러내지 않을 뿐이지 아비와 수맹 할머이는 아지가 궁에 들어가는 걸 안타깝게 여기는 것 같았다. 아지는 자기를 낳아 준 아비와 길러 준 수맹 할머이와 소똥네, 말똥네, 개똥네, 그리고 길상촌 사람들과 함께할 수 있는 시간에 한껏 다정하게 지내기로 마음먹었다. 특히 약골인 수맹 오빠를 어떻게든 튼튼하게 만들어 주고 싶었다. 착하고 똘똘하다는 소리를 듣는 수맹 오빠지만 몸이 약한 건 사실이었다.

'내가 없으면 수맹 오빠는 어떨까? 울 아버지가 계시니 할머이 걱정은 없지만, 내가 떠나기 전에 어떻게든 수맹 오빠를 튼튼하게 만들어 줘야지!'

아지는 약쑥 움을 들여다보았다. 움 속에는 매년 말려 두었던 약쑥을 넣어 둔 항아리들이 여럿 있었다. 강화섬 사자발쑥은 오래전부터 약초로 쓰였다. 아지는 어른들이 하는 걸 보고 약초 말리는 걸 배웠다. 농사짓는 틈틈이 약초를 말리는 아비와 수맹 할머이도 그런 아지를 기특해했다. 지난번 수맹 오빠가 배탈이 났을 때, 아지가 어깨너머로 배운 쑥뜸을 떠 주었다. 그런데 너무 오래 뜸을 뜨는 바람에 수맹 오빠 배에 흉이 질 뻔했다. 참을성이 많은 수맹 오빠가 배에 화상을 입을 때까지 뜨겁다는 말도 없이 꾹 참는 바람에 그만 그렇게 되었다. 아지는 고향을 떠나 낯선 곳으로 갈 생각에 쑥뜸을 제대로 배워 두어야겠다고 마음먹었다.

매달 받는 월봉과 '지존을 지키는 일'이라는 자긍심 외에도 아지가 입궐에 대한 두려움을 덜게 된 이유가 하나 더 있었다. 그것은 바로 나라님이 3년 전까지 아지와 수맹 오빠처럼 강화섬에서 농사짓고 나무하던 분이라는 점이었다.

3년 전, 나라님(헌종)이 후손 없이 돌아가시어, 강화섬에서 유배살이하던 머나먼 왕손이 새로운 나라님(철종)이 되시었다. 그때는 어려서 무슨 일인지 잘 몰랐지만, 강화도에 살던 분이 나라님이 되셨다고 생각하니 아지는 마음이 조금 놓였다. 그분은 자신처럼 강화섬을 알고 있을 것 아닌가? 강화의 봄, 여름, 가을, 겨울, 강화의 바다, 강화의 들판, 강화의 산들! 아지는 상상해 보았다. 그분은 마니산 참성단을 가 보셨을까? 그분은 수맹 오빠보다는 나무를 잘하셨겠지? 수맹 오빠보다 지게도 잘 지셨겠지? 내가 궁궐에 가면 혹시라도 그분을 뵐 수 있을까? 아지의 상상은 끝이 없었다.

그러나 그런 말을 하면 아비의 얼굴이 굳어졌다. 그리

고 다시는 그런 상상도 하지 말고, 입 밖으로 꺼내서도 안 된다고 했다. 절대로 나라님을 쳐다봐서도, 입에 올려서도 안 된다고 아지의 눈을 뚫어지게 쳐다보며 말했다. 그렇게 무서운 아비의 얼굴을 처음 본 아지는 알겠다고 대답하고도 모자라 고개를 크게 끄덕여 아비를 안심시켜 드렸다. 그래도 안심이 안 되는지 아비는 매일 밤 잠들지 못하고 뒤척였다. 그런 아비를 보면서 아지는 아비를 걱정스럽게 하는 일은 절대로, 절대로 하지 않겠다고 결심했다.

2장

이름을
받는다는 것

약한 사람을 돕는 크고 강인한 사람

다음 해 아지는 열 살이 되었다. 관아에서 알려 준 입궁 날짜가 가까워 왔다. 수맹 할머이는 기력이 쇠해져서 눈이 침침해졌다. 그러나 잘 보이지도 않는 눈으로 틈날 때마다 바느질을 해서 므명 솜이불 한 채와 여름 이불 한 채를 지어 두었다. 나라님 계신 궁궐이 춥지는 않으려니 싶어 너무 무겁거나 너무 두껍지 않게 마음을 썼다.

이 서방은 장에 나가 예쁘고 튼튼한 그릇과 요강을 골랐다. 딸을 궁에 보내는 것은 혼례를 치르는 것과 같다. 아비의 손으로 딸의 밥그릇, 국그릇을 고르려니 가슴이 먹먹해지면서 눈물이 차올랐다.

'언제 다시 아지와 함께 모를 심어 볼까? 언제 다시 아

지와 함께 추수를 해 볼까? 이제 다시는 그럴 수 없겠지.'

가을걷이를 끝내고 초가지붕 이엉을 다시 이을 때, 나이에 비해 키도 크고 힘도 세고 웬만한 일꾼 저리 가라 할 만큼 일머리가 있어 손발이 척척 맞던 아지였다. 아지가 떠난 빈자리를 어쩌란 말인가? 가난한 밥상이었지만 아지와 함께라서 늘 맛나게 먹었던 기억이 떠오르자 그만 눈물이 뚝뚝 떨어졌다. 그릇집 주인은 사정을 아는지 모르는지 보고도 못 본 척 잠시 외면해 주었다.

남들처럼 평범하게 태어나 짝을 만나 평범하게 살면 얼마나 좋은가? 아비의 근심은 끝없이 이어졌다. 임금이 계신 궁궐 안의 생활을 듣지도 보지도 못해 전혀 알지 못하니 걱정이 태산이었다. 알면 아는 대로 불안하고, 모르면 모르는 대로 불안할 따름이었다. 아지가 강화섬을 벗어나 본 적이라고는 해풍에 말린 약쑥을 지게에 지고, 아비와 함께 한성 장통방 약재상에 두어 번 다녀온 것이 다였다. 장통방 약재상을 생각하니 이 서방은 불현듯 어떤 마음이 들었다. 서둘러 필요한 물건을 사 들고 집에 온 아비는 밥 한술 뜨고는 다시 자리를 박차고 집을 나섰다.

"어디 가세요? 아버지?"

놀란 아지가 밥 먹다 말고 벌떡 일어났다.

"마저 먹어라. 아지야. 내 한성에 급히 다녀올 일이 있다. 서두르면 모레 해거름에는 오겠구나."

이 서방이 한걸음에 달려간 곳은 한성 장통방이었다. 장통방에 도착한 이 서방이 줄줄이 늘어선 약재상들을 지나 멈추어 선 곳은 유대치의 약방이었다. 그는 약방 안을 살피며 들어섰다. 심부름하는 아이에게 강화에서 사람이 왔다고 전해 달라 한 후 잠시 기다리자, 뒤채로 들어오라는 연락이 왔다.

"무슨 일로 연락도 없이……?"

대치의 물음에 이 서방이 입을 열었다.

"그동안 무고하셨는지요? 다름이 아니라 저희 딸아이가 올해 입궁합니다. 그런데……."

얼마 후, 이 서방이 유대치의 약방에서 나왔다. 그의 얼굴에 뿌듯함이 가득했다. 그는 가슴팍을 큰 손바닥으로 툭 치고 남이 볼 새라 길을 서둘렀다. 마치 천금을 주고도 살 수 없는 귀하고 귀한 보배를 가슴에 품은 것처럼!

강화에 밤이 내렸다. 아비는 아직 돌아오지 않았다. 아마도 지난여름처럼 마포나루 어귀 주막에서 주무시고 내일 새벽 일찍 출발하실 모양이었다. 아지는 아비와 함께 한성에 다녀왔던 일을 떠올렸다. 그때, 그 더운 날 밤에 마포나루 주막집 방 앞에 앉아 밤새 날이 밝기를 기다렸던 아비였다. 그것도 모른 채 곤하게 자고 일어난 아지는 아비의 모습을 보고 깜짝 놀랐다. 북풍한설 몰아치는 한겨울이 아니길 다행이었지만, 여름날 강 숲의 모기란 모기는 다 달려들어 아비를 뜯어 놓았던 것이다.

'얼마나 곤하셨으면 그런 줄도 모르고 쭈그리고 주무셨을까?'

그런 생각을 하니 눈물이 났다. 아비를 깨워 방에서 편히 주무시라고 했건만 결국에는 그 신새벽에 길을 나서지 않았었나? 아마도 그때처럼 마포나루에서 신새벽에 길을 나서, 강 건너 바다 건너 내일 해거름에 집에 오실 것이었다.

아지도 그런 아비의 귀갓길을 마중하는 마음으로 등잔불 앞에 앉았다. 집을 떠나기 전, 아비의 낡고 해진 옷과 이부자리를 손보아 깔끔하게 해 놓고 싶었다. 깊은 밤, 등잔불 앞에 앉아 바느질을 하자니 일렁이는 등잔불 그림자에 지난 가을걷이 후 한 첨지 댁에 소작료 내러 갔던 일이 떠올랐다.

한 첨지 댁은 길상촌에서 읍내 가는 길목 높은 곳에 있었다. 멀리서 보아도 한 첨지 댁 고대광실이 한눈에 보였다. 그날도 다른 해처럼 아비와 함께 소 잔등에 쌀가마니들을 무겁게 싣고 길을 나섰다. 늙고 기운 빠진 누렁소의 걸음은 더뎠다. 아지는 고삐를 잡은 아비와 함께 천천히 그 길을 걸었다. 평소 같으면 아지가 쌀가마니가 떨어지지 않도록 잘 잡아 주었을 터였다. 그런데 그날은 달랐다. 걸음을 걸으면서도 아지의 눈이 너른 들판에 오래 머물렀다.

"아버지, 여기서부터 저기…… 끝도 보이지 않는 곳까지가 한 첨지 어르신네 땅이지요?"

수확이 끝나 가는 너른 들판을 팔로 휘이 저어 가리키며 아지가 물었다.

"그렇지."

"……."

"왜?"

"……."

아지는 말이 없었다. 아비도 말이 없었다. 부녀가 소를 끌고 한참을 걸어 한 첨지 댁에 도착해서 마당에 쌀가마니들을 부려 놓았다. 소작료를 가져온 집은 아지네뿐만이 아니었다. 한 첨지네 땅을 부치는 집이 한두 집이 아니라서 소작인들이 마당에 쌓아 두고 간 쌀가마니들이 산을 이루었다. 마름이 나와 쌀가마니를 세어 확인하면, 머슴들이 부지런히 광으로 들어 날랐다. 아지의 눈에 양쪽으로 열린 광 문이 보였고, 그 안에 이미 가득 쌓인 쌀가마니들이 보였다. 그래도 들어갈 곳이 있는지 머슴들이 오가는 만큼 쌀가마니들이 자꾸만 자꾸만 없어졌다.

"초봄부터 가을까지 땀 흘리고 농사지은 사람은 우린데, 왜 한 첨지 댁 광에는 쌀이 저리 산더미로 쌓여요, 아버지?"

"그거야 한 첨지 댁 땅에서 농사짓는 소작인이 많으니 그렇지. 농사를 짓도록 해 주셨으니 빌린 땅값을 드리는 거지.”

“한 첨지 댁은 어떻게 저렇게 끝도 없이 넓은 땅을 가졌어요?”

“……”

아비는 말이 없었다. 아지는 괜한 말을 했다고 후회했다. 사실은 더 하고 싶은 말이 있었지만 꾹 삼켰다. 그것까지 말했다가는 더 후회할 것이 뻔했다.

‘우리는 왜, 땅 한 평이 없어요?’

이 말까지 했다면 아비의 얼굴에 드리운 그늘이 더 짙어졌을 것이 분명했다. 부녀는 아무 말 없이 걸었다. 잠시 후 아비가 입을 열었다.

“그래도 한 첨지 어르신은 땅세를 물게 하지는 않으시니 다행이지. 소작인들에게 나라에 내는 땅세까지 내게 하는 사람들도 있으니…….”

아지는 더 이상 말을 하지 않았다. 어렸을 때는 이 길이 든든하고 넉넉한 소풍 길이었다. 그저 봄부터 지은 농사가 풍년이 들면 좋았고, 흉년이 지면 슬펐다. 황금 들판이 누구의 땅인지는 궁금하지 않았다. 내 땅이 아니어도 추수를 마치고 쌀독에 넣을 쌀이 있으면 좋았다. 그런데 이번에는 달랐다. 보이지 않던 것이 보이고, 생각지 못했던 것을 생각하게 되었다.

'우리도 한 첨지 댁처럼 땅을 가질 방법이 없을까? 우리 땅이 있다면 거기서 난 소출이 다 우리 것인데……. 그러면 수맹 오빠네랑 걱정 없이 나눠 먹을 수 있을 텐데……. 봄, 여름, 가을 쉬지 않고 일하는데, 이렇게 한 첨지 댁에 가져다드리고 나면 우리는 양식이 모자라서 보릿고개 넘길 때 배를 곯는다. 수맹 할머이랑 수맹 오빠랑 쑥 뜯어 팔아도 큰돈이 안 되고……. 우리도 논밭이 있어야 해! 반드시! 내가 꼭 아버지 논밭을 사 드릴 거야! 그런데 내가 없으면 수맹 오빠가 아버지를 도와 농사를 잘 지을 수 있으려나? 집을 떠나는 건 슬프지만, 달마다 보수를 받는다니 그건 정말 좋아! 한눈팔지 않고 부지런히 일해서 꼭 논밭을 사야지. 꼭 그렇게 할 거야.'

아비 없는 밤, 혼자 그렇게 다짐하고 다짐하던 아지는 스르르 바늘을 놓치고 옆으로 쓰러져 잠이 들었다. 등잔불에 남았던 기름이 홀로 타다 스르르 꺼졌다.

다음 날, 해거름이 아비가 왔다. 아지는 먼 길 다녀온 아비를 위해 밥을 짓고, 수맹 할머이가 주신 묵은 된장을 풀어 국을 끓였다. 부녀가 밥상에 마주 앉았다. 아비의 기분이 좋아 보여 다행이었다.

"가셨던 일은 잘 보셨어요?"

"그럼! 아주 잘 봤지."

덩달아 아지도 기분이 좋아졌다.

"잘됐네요. 무슨 일인데요?"

"그게 말이다……. 바로 이것이다!"

식사를 마친 아비가 품에서 봉투를 꺼내 놓았다.

"이게 뭔데요?"

아지의 물음에 아비가 신중하게 봉투에서 종이를 꺼냈다. 그리고 아지 앞에 종이를 펼쳐 놓았다. 종이에는 한자로 세 글자가 적혀 있었다. 아지는 그중에 두 글자를 읽을 줄 알았다.

"아버지, 이건 '오얏 이(李)'지요? 이건 '돌 석(石)' 자고요."

아지가 한자를 읽자 아비가 깜짝 놀랐다.

"아니, 우리 아지가 언제 한자를 배웠어?"

"수맹 오빠한테 조금씩 배웠어요. 아직 이 글자는 몰라요."

"수맹이가 전등사 작은 스님께 글을 배워 서책 읽는 것은 진즉 알았다만, 우리 아지한테 스승 노릇 하는 건 몰랐구나. 기특하다!"

"그렇지요? 아버지? 그런데 이 글자는 뭐예요?"

아비가 가운데 글자를 손으로 짚으며 알려 주었다.

"이것은 '하우씨 우(禹)'다."

아지가 고개를 갸웃거렸다.

"하우씨 우(禹)요? 아버지, 그게 무슨 뜻이에요?"

"하우씨는 중국에서 아주 오래전에 있었던 하나라를 세운 임금 '우'라는 뜻이야. 그런데 또 이 글자는 '돕는다'는 뜻도 있지. 우 임금이 세운 하나라가 태평성대를 이루었다지? 태평성대는 사람들이 싸우지 않고 강한 사람이 약한 사람을 도우며 함께 살아가는 평화로운 세상이 아니겠느냐? 배고픈 사람도 없고 말이다. 아지야! 이것이 아비의 스승님께 받은 네 이름이다."

아지가 종이를 들어 올렸다. 그리고 찬찬히 들여다보며, 손을 들어 한 자 한 자 짚었다.

"이, 우, 석! 그러면, 저는 사람을 돕는 돌이네요. 아버지."

"하하! 우리 아지가 바윗돌처럼 튼튼하고 힘이 세지. 아버지가 누누이 일렀지만, 그 힘은 절대 아무 데나 쓰면 안 되고 약한 사람들을 돕고 함께 살아가는 데 써야 한다."

"알겠어요. 아버지. 좋은 이름 주셔서 고맙습니다."

그날 밤, 부녀는 오랜만에 단잠을 잤다. 남들은 궁에 가는 아지를 불쌍하다고도 하고, 부럽다고도 했다. 하지만 아지네 부녀의 마음은 달랐다. 남들과 다른 몸을 가진 아지가 비록 액맥이로 궁에 차출된다고 하더라도, 그곳에서도 마음속 깊이 자기 자신과 이웃을 소중히 여기며 '약한 사람을 돕는 크고 강인한 사람, <이우석>'으로 살아가기로 했기 때문이었다.

입궁

겨울이 오자 궁에서 나인이 왔다. 내전 김 나인이었다. 아지는 아비와 수맹 할머이에게 큰절을 올리고 집을 떠났다. 아지가 이불 보따리에 밥그릇과 요강 단지를 넣어 머리에 이고 김 나인의 뒤를 따라 걸어갈 때, 개똥이네, 소똥이네, 말똥이네가 나와 울었다.

수맹이는 나와 보지 않았다. 대신 지게를 메고 나무하러 산에 올랐다. 이제는 수맹이가 단단해질 차례였다. 전날 밤에 우석이가 마을 어귀 늙은 팽나무 위에 뜬 둥근 달님 아래에서 수맹이에게 단단히 약조를 받아 두었기 때문이다. 약조는 '첫째, 몸과 마음을 단련하여 약체를 강체로 만들겠다. 둘째, 우석이 아버지를 도와 농사를 열심히 짓겠다. 셋째, 우석이 아버지와 함께 할머이를 편안히 모시겠다.'라는 것이었다. 수맹이는 아지, 아니 우석이와 한 약조를 꼭 지키겠다고 다짐했다. 그 마음으로 한 걸음, 한 걸음 디디는 발에 힘을 실었다.

한편 우석은 자신이 맞이할 새로운 삶이 궁금했다. 아무나 드나들 수 없다는 궁 생활이 궁금해서 이런저런 상상을 하며 걸었다. 앞장선 김 나인의 장옷 밑으로 남색 치마가 보였다.

'나도 저런 남색 치마를 입고, 저런 장옷을 쓰겠지?'

우석은 나인 복장을 한 자신의 모습을 상상했다. 그 모습을 아버지와 수맹 할머이, 수맹 오빠가 본다면 뭐라고 할까? 틀림없이 예쁘다고 하겠지? 언젠가 수맹 할머이 곁에서 쑥을 캐던 날이 떠올랐다.

"쑥도 잘 뜯네. 우리 아지. 요, 요, 쑥처럼 예쁘구나."

"히히! 쑥이 예뻐요? 할머이? 진달래처럼 고운 색도 아닌데요?"

수맹 할머이는 곁에 앉아 재잘거리는 아지를 돌아보았다. 다사로운 봄 햇살이 아지의 얼굴을 비추었다. 수맹 할머이는 치마에 손을 쓱쓱 문대더니 두 손으로 아지의 얼굴을 쓰다듬었다. 수맹 할머이 손은 쑥 향이 가득해서 아지는 고양이 마냥 킁킁거리며 눈을 감고 기분 좋게 웃었다.

“어떠냐? 쑥 내음이 좋지? 할머이는 알록달록하지 않아도 쑥이 참 예뻐 보이는구나. 우리 아지도 할머이 눈에 그리 보이지. 어디서 이렇게 예쁜 것이 늙은 할머이 곁에 왔을까나?”

“히히! 할머이 내가 그렇게 예뻐요? 그런데…… 날 예쁘다고 하는 사람은 할머이밖에 없어요.”

아지가 조금 시무룩해졌다. 수맹 할머이는 그런 아지 머리를 쓰다듬으며 말했다.

“아지야! 사람이나 꽃이 예쁜 것은 꼭 모양새나 색 때문만은 아니란다. 모양이나 색이 예쁜 것도 예쁜 것이지. 하지만 할머이 눈에는 보기에 좋은 것보다 쓸모 있는 것이 더 예쁘단다. 개나리는 개나리대로, 진달래는 진달래대로, 매화는 매화대로 예쁘지만, 할머이 눈에는 먹을 수도 있고 약으로도 쓰여서 버릴 거라고는 하나 없는 이 들판의 쑥이 으뜸으로 예쁘지. 속이 꽉 차서 버릴 것 없이 실한 우리 아지가 할머이 눈에는 꼭 이 쑥처럼 그리 예쁘단 말이다."

"히! 알겠어요. 할머이! 저는 쑥처럼 예쁜 거 좋아요."

"그래! 그러니 할더이처럼 눈 밝은 사람이 많지 않아도 걱정할 것 없단다. 예쁘다고 말하지 않아도 너를 좋아하는 사람들은 다 너를 쑥처럼 예뻐하는 거니까."

우석은 쑥처럼 예쁜 자신이 남색 치마에 장옷까지 입는다면 더 예쁨을 받을 수 있겠다는 생각에 한결 마음이 놓였다. 궁궐 안의 생활도 그리 두려워할 필요는 없을 것 같았다. 알아서 잘하면 되니까! 그렇게 마음을 다지니 오히려 자신 앞에 펼쳐질 삶이 궁금했다. 도대체 궁궐 액맥이로 산다는 건 어떤 것일까?

이틀 후, 대궐 앞에 도착하였을 때는 어둠이 내린 뒤였다. 우석의 눈앞에서 커다란 대궐 문이 천천히 열렸다. 관아의 문과는 비교도 안 될 정도로 크고 묵직한 문이었다. 그 문 안에 우석이 평생 살아갈 세상이 있었다. 한 번 들어가면 자신의 뜻으로는 나올 수 없는 세상이라고 했다. 우석이 그 세상으로 한 걸음, 발을 들여놓았다.

지이이익! 철컥!

대궐 문이 잠겼다. 우석이 뒤를 돌아보았다. 자기 손으로는 절대 열 수 없는 문이었다. 우석은 그렇게 내전 무수리가 되었다.

무수리는 내명부에 이름이 올라가는 나인과는 달리 나인의 일을 돕는 하급 궁녀였다. 우석은 김 나인이 이끄는 대로 상궁을 만나 인사드리고, 안내해 주는 대로 무수리 숙소인 수사로 갔다. 그곳에는 대여섯 명의 무수리 어른들이 있었다. 하지만 그들은 나인처럼 남색 치마를 입지 않고, 위아래로 암청색 긴 무명 저고리와 치마를 입었다. 우석이 보따리를 내려놓고 절을 했다. 다들 신기하다는 듯이 우석을 쳐다보았다. 그중 한 어른이 다소 친절하게 말했다.

"열 살이라 해도 덩치를 보니 어른 몫은 하겠구나. 곤할 터이니 건넌방으로 가서 누워라."

그 말에 힘을 얻은 아지가 건넌방으로 가서 한구석에 가져온 요와 이불을 펴고 누웠다. 먼 길을 왔건만 어디에서 손발과 낯을 씻어야 하는지 묻지도 못한 채였다. 우석은 그렇게 낯선 궁에서 첫날밤을 보냈다.

다음 날, 동트기 전부터 우석의 무수리 생활이 시작되었다. 내전 전각 밖에 있는 우물에서 물을 길을 오는 것부터 시작이었다. 내전 수사에 여인도 아니고 사내도 아닌, 애도 아니고 어른도 아닌 괴이한 무수리가 들어왔다는 소문은 반나절 만에 궐 안에 퍼졌다.

우석을 데려온 내전 김 나인은 무수리 우석이 마음에 들었다. 무수리는 내전의 물 긷기와 불 때기 등 힘들고 잡다한 일을 하며 나인들의 뒷수발을 들어야 하는데, 우석은 일 배우는 속도가 빠르고 일머리가 있었기 때문이었다. 하지만 다른 궁녀들은 달랐다. 도무지 열 살이라고는 보이지 않는 키와 괴력 때문이었다. 짙은 암청색 무수리 옷을 입은 우석이 넓적하게 틀어 올린 방석 머리 위에 커다란 물항아리를 척척 이거나 숯 통을 양손에 서너 개씩 들고 남자처럼 성큼성큼 걷는 것을 보고 뒤에서 저희끼리 쑥덕대기 바빴다.

"사람이 아닌 게야. 그러지 않고서 어찌 저럴 수 있어?"

"그러게 말이야. 꼭 사내처럼 성큼성큼……. 아유! 망측해!"

우석은 궁궐이 낯설었다. 해야 할 일도 많고, 하지 말아야 하는 금지 사항도 너무 많아 적응하기가 힘들었다. 궁궐 안의 법도와 규칙을 익히는 일이 쉽지 않았다. 신분마다 다니는 길도 다르고, 옷도 다르며, 말도 달랐다. 궁궐 안에는 어린 애기항아들도 있었는데, 무수리인 우석은 그들에게도 존대를 하고 하대를 받았다. 그것이 그곳의 질서였다. 궁궐 밖에도 신분이 나뉘어 양반과 상놈, 지주와 소작농도 있었고 노비와 천민도 있었다. 그러나 궁궐 안에서는 그런 구분이 더욱 엄격했다. 궁에서는 모든 사람이 왕과 왕의 가족을 위해 존재할 뿐이었다. 궁녀나 환관은 있으나 있지 않아야 하고, 보이나 보지 않아야 하고, 들으나 듣지 않아야 하고, 말할 수 있으나 말하지 않아야 한다고 들었다. 어린 하급 궁녀 무수리 우석이야 더 말할 것이 없었다. 지존이 계시는 궁궐은 밖에서는 한 치도 상상하지 못했던 세상이었다.

우석의 하루는 무척 바빴다. 나인들이 시키는 대로 하

루 종일 전각 밖 우물에서 물을 길어 나르고, 처소 건물의 방마다 때를 맞춰 참숯을 피워 불을 땠다. 쌀가마니, 콩가마니를 척척 들어 옮기고, 축 늘어지는 고깃덩어리를 날랐다. 그런 일들은 힘들지 않았다. 얼마든지 할 수 있었다. 하지만 그런 자신을 보고 수군대거나 대놓고 구경하는 사람들, 자신을 보고 놀라서 무섭다고 우는 어린 애기항아들을 보면 마음이 힘들었다. 그렇다고 언짢은 얼굴을 할 수도 없지 않은가?

무수리는 나인 처소의 일을 하는 각심이와 나인들의 편지를 전달하는 비자처럼 궁녀 중 가장 낮은 계급이었다. 그러니 우석은 각심이, 비자 외에는 누구에게도 먼저 말을 붙일 수도 없는데, 문제는 그들마저도 우석을 꺼리는 것이었다. 내전 무수리 우석은 누구와도 눈을 마주치거나 말을 나누지 못하고 그저 시키는 일을 말없이 할 뿐이었다. 몸도 마음도 놀라고 고된 날들이었다.

그렇게 하루를 마치고 잠자리에 들면 강화섬 생각에 눈물이 쏟아졌다. 지존이 계신 곳에 가게 되었다고 좋아했던 자신은 어디로 가고, 누구를 만나도 그저 허리를 접고, 고개를 숙여 자신을 없는 사람처럼 만들어야 하는 신세가 되었을까?

넘어진 나인을 도와주려고 몸에 손을 대었다가 곤욕을 치른 후로는 자신이 벌레가 된 느낌이 들었다. 화들짝 놀라서 몸을 피하던 나인의 표정이 생생했다. 누구도 자신에게 도움을 청하지도, 받지도 않았다. 자신은 오로지 일방적으로 명령과 지시를 받을 뿐이었다. 그럴 때, 수맹 오빠가 곁에 있다면 조금은 괜찮을 것 같았다.

"평생 곁에 있겠다고 해 놓고……."

하지만 수맹 오빠 곁을 떠난 건 우석 자신이었다.

"휴우!"

그럴 때는 한숨 밖에 나오지 않았다. 처음부터 우석이 먼저 이곳에 오고자 한 것이 아니었다. 관에서 그리하라고 명령한 일을 거부할 수 없었던 것이다. 왜냐하면 자신이 사는 세상이 그렇게 정해 놓았기 때문이었다. 그래서 생각하지 않았던가? 지존을 위해 일하겠다고! 그 일을 해서 번 월봉으로 아버지 논을 사 드리겠다고!

"휴우우우~"

그렇게 한숨을 내리 쉬고 올려 쉬던 우석은 자신의 얼굴을 쓰다듬으며 쑥처럼 예쁘다고 했던 수맹 할머이 생각을 했다. 그러고 나니 마음이 조금 가벼워졌다.

'맞아! 할머이 말씀처럼 나는 쑥처럼 예쁘고 쓸모가 있어! 여기서도 그걸 알아차리는 사람이 반드시 있을 거야. 어차피 되돌릴 수도 없는 일이야. 그러니 월봉을 잘 모아서 아버지 논밭을 사 드릴 생각만 하자! 아버지, 할머이, 수맹 오빠 배고프지 않게!'

우석은 마음을 추슬렀다. 구중궁궐 내전에 갇힌 무수리 우석은 매일 그렇게 마음을 추스르고 달래며 주어진 운명을 받아들이려 애썼다.

쥐부리 지져! 쥐부리 글려!

우석이 입궁한 후, 첫 정월 대보름날이 되었다. 내전 수라간에서는 종일 대보름 음식을 하느라 분주했다. 우석도 종일 물을 길어 날라야 했다. 아무리 힘이 센 우석도 지쳐 나자빠질 하루였다.

그 밤에 쥐불놀이를 한다고 모이라고 했다. 우석은 고향에서 보낸 정월 대보름날을 떠올렸다. 그날은 한 첨지댁에서 대문을 활짝 열어 마당에 솥을 걸고 마을 사람들에게 오곡밥을 지어 먹였다. 마을 사람들은 부럼을 깨물고, 서로 "내 더위 사 가시오!" 하며 더위를 팔았다. 어른들은 풍물을 치며 마을을 돌고, 아이들은 쥐불을 빙빙 돌리며 놀았던 생각을 하자 즐거워졌다. 겁쟁이 수망 오빠도 들판에서 횃불을 빙빙 돌리면서 농사 잘되기를 빌지 않았던가? 그런데 그 쥐불놀이를 궁에서도 한다니 신기했다.

지존이 계신 궁궐 위에 두둥실 커다랗고 밝은 보름달이 떴다. 추위가 매웠다. 신입 무수리 우석은 신입 궁녀들과 함께 마당에 섰다. 그중에는 대여섯 살 먹은 애기항아들도 있었다. 대보름날이니 즐거운 놀이라도 할 모양인가 싶어 기대하는 눈빛이었다. 그런데 내전의 모든 나인들이 신입 궁녀들을 빵 둘러서는 것이 아닌가? 상궁 마마님들은 위엄 있는 자태로 한 발 뒤에 서서 그 모습을 지켜보았다. 우석은 나인들조차 똑바로 바라보기 어려운데, 그들이 마마님이라 부르며 머리를 조아리는 상궁 마마님들까지 있으니 무척이나 긴장되었다. 잠시 후, 나인들 몇몇이 신입 궁녀들의 입에 동그란 밀떡을 붙이고 양쪽에 고리를 단 흰 무명천을 입에 씌웠다.

'뭐 하려는 거지?'

우석과 신입 궁녀들은 소리도 내지 못하고 소처럼 눈만 끔뻑거렸다. 이게 무슨 놀이인가? 그때 끝에 불을 붙인 장대를 든 환관들이 나타났다. 그들은 활활 불이 붙은 긴

장대를 흰 천을 쓴 신입 궁녀들의 입에 대고 지지는 흉내를 내며 큰소리로 버럭버럭 고함을 쳤다.

"쥐부리 지져! 쥐부리 글려!"

제일 먼저 어린 애기항아들이 울음을 터트렸다. 고작 대여섯 살 먹은 여자아이들이 집을 떠나 낯선 궁에 온 것만으로도 버거웠을 텐데, 그 어린애들 입을 불로 지지는 흉내를 내며 큰소리를 내지르니 혼비백산할 수밖에 없었다. 우석은 오줌을 지린 채 주저앉은 애기항아들을 보고 박장대소하는 어른들을 보았다. 열두어 살 먹은 신입 궁녀들은 울지 않으려고 애썼다. 하지만 잔뜩 겁에 질려 울음을 터트리고 말았다.

우석도 무섭고 놀라기는 마찬가지였다. 그러나 눈을 크게 뜨고, 한껏 입을 옹 다물고 버텼다. 그들에게 놀림거리가 되고 싶지 않기 때문이었다. 하지만 그 모습을 본 궁녀들은 오히려 박장대소하며 우석에게 손가락질하였다. 깜깜한 밤, 활활 타는 불빛에 일그러진 우석의 얼굴이 괴이하게 일렁였다.

"저, 저 괴물!"

"아이고, 흉측해라!"

"그러게나 말이야. 흉물이네. 흉물!"

마당에 둘러선 사람들의 시선이 모두 우석에게 향했고, 우석의 부릅뜬 눈에 자신을 향해 손가락질하며 호들갑을 떠는 사람들이 보였다. 키는 어른만 해도 속은 열 살이었다. 결국 우석의 눈에서도 걷잡을 수 없이 눈물이 쏟아졌다. 한바탕 소동이 끝나자 한 상궁이 입을 열었다.

"우리가 이곳에 있는 이유는 무엇인가? 지존이신 상감마마와 왕가를 위함이다! 따라서 너희가 맡은 임무를 지극한 정성으로 감당하되, 궐 안에서 일어난 어떤 일도 입에 담아서는 아니 된다. 궐 안에서 일어난 어떤 일도 궐 밖으로 나가서는 아니 된다. 오늘 너희의 입은 불로 지져졌으니 어떠한 경우에도 열려서는 아니 된다. 혹여 그런 일이 생긴다면! 목숨을 보전치 못할 것이야! 알겠느냐?"

회초리를 내려치는 듯 매서운 상궁의 말에 신입 궁녀들이 두려움에 떨며 대답했다.

"네. 알겠사옵니다."

겁에 질린 신입 궁녀들을 차가운 눈빛으로 바라보던

상궁의 입에서 심장을 가를 듯 씹어 뱉는 말이 나왔다.

"명심! 또 명심하여라! 알겠느냐?"

그날 밤, 혼비백산한 신입 궁녀들은 며칠 동안 끙끙 앓았다. 우석 또한 몸살을 앓았다. 하지만 그렇다고 쉴 수 있는 것이 아니었다. 우석은 매월 월봉을 모아 논밭을 살 생각에 긍정적으로만 여겼던 궁녀 생활이 만만치 않음을 느꼈다. 그러나 이미 돌이킬 수 없었다. 날이 갈수록 깊은 갯벌에 점점 빠져드는 것만 같았다. 내전 괴물 무스리 우석은 말을 잃어 갔다.

일은 할 만했다. 아무리 힘들다고 해도 대부분 여자가 하는 일이었기 때문이다. 아비를 도와 농사를 지었던 우석에게는 거뜬했다. 하지만 자신을 두고 괴물이라고 쑥덕거리는 소리는 듣기 힘들었다. 정월 대보름날 '쥐부리 지져! 쥐부리 글려!' 이후부터는 아예 대놓고 괴물, 흉물 취급이었다.

'괴물? 흉물? …… 내가?'

그럴 때면 수맹 오빠 생각이 더 났다. 키 작고 몸도 약한 수맹 오빠지만 다른 마을이나 강화 읍내에 갔을 때, 누가 자신을 보고 힐끗거리거나 놀란 표정을 지으면 항상 우석을 다독이고 챙기지 않았던가? 그런 수맹 오빠 덕분에 누가 이상하게 쳐다봐도 괜찮았다. 수맹 오빠랑 있으면 금방 잊고 즐거웠기 때문이다.

그런데 궁 안에서는 그런 친구가 없었다. 하루 일을 마치면 수사로 돌아와 재빠르게 청소를 하고 어른들 이부자리를 펼쳐 드렸다. 그 어른들 중에 궁궐 생활이 낯선 우석을 보듬어 주는 사람이 있으면 좋으련만, 그저 신기한 짐승을 보듯이 우석을 보고 어른이 할 만한 일을 거침없이 시켰다. 그럴 때면 떠나온 고향 생각이 나서 마음이 힘들었다.

"아지야! 우리 아지!"

항상 이렇게 불러 주던 다정한 아비와 수맹 할머이, 말똥이, 개통이, 소똥이 아주머니와 강화섬 길상촌 어른들이 보고 싶었다. 그런 날이면 아지는 밤에 남몰래 마당에 나와 달을 올려다보았다. 둥글고 노오란 달 속에 강화도 갯벌도 보이고, 정족산 자락의 길상촌도 보이고, 수맹이 오빠랑 올라갔던 마니산도 보였다. 눈물이 흘렀다. 하지만 소리 내어 울 수도 없었다. 어른들이 들으시면 무슨 청승이냐고 호되게 야단이나 맞을 것이 뻔했다.

어느덧, 우석이 입궁한 지 한 달이 지났다. 첫 월봉을 받았다. 흰 쌀 서너 말이었다. 아직은 견습 기간이라 조금밖에 못 받았지만, 견습 기간이 지나면 한 달 월봉으로 흰 쌀 여섯 말을 받는다고 했다. 우석의 가슴이 뛰었다. 어서 빨리 이것을 아버지께 가져다드리고 싶었다. 하지만 그럴 수 없었다. 아무 때나 궁 밖으로 나갈 수 없었다. 무수리 어른들을 보면 일이 있어 궁 밖에 나갈 때는 출입을 관리하는 내시 어른에게 업무와 행선지를 밝히고 출입패를 차고 나갔다. 아직 우석에게는 바깥일을 시키지 않았다. 하지만 자신이 그렇게 출입할 수 있는 날이 온다면, 받은 녹봉을 아버지께 전달할 수 있는 방법을 찾아야겠다고 생각했다.

'무거운 쌀을 들고 강화까지 갈 수 없으니 어쩌면 좋을까? 장에 내다 팔면 돈으로 바꿀 수 있겠지? 그 돈은 어떻게 전달할까?'

그런 고민을 하다가 우석은 마침내 아버지랑 왔었던

장통방 약방을 떠올렸다.

'아! 맞다! 아버지랑 장통방 약방에서 만나기로 약속을 하면 되겠구나! 그러면 이제 보릿고개 넘을 때 빈 항아리 긁는 일은 없겠지. 할머이랑 수맹 오빠도 배고프지 않고…… 아버지는 논도 사고, 밭고 사고…….'

첫 월봉을 받은 날, 우석은 고생과 서러움은 싹 잊고 그런 행복한 생각을 하다가 잠이 들었다. 우석의 내전 무수리 생활 한 달이 그렇게 지나갔다.

괴물 무수리의 유일한 생명줄

철종 7년(1856년), 세월이 흘러 어느덧 우석은 14살이 되었다. 무수리 생활에도 점차 익숙해졌다. 우석은 타고난 천성대로 여전히 열심히 일했고, 제 몫의 일 말고도 다른 사람들의 일을 돕는 데도 열심을 냈다. 다들 힘든 일을 시키는 것은 당연하게 여기면서도 눈을 마주치고 웃는다든지, 고맙다는 말 같은 것은 하지 않았다. 우석은 궐 안에 있는 모든 사람에게 하대받았다. 신분이 달라서 하대받고, 생김새가 달라서 하대받고, 키가 크고 힘이 세어서 하대받았다. 그런 세월을 살면서도 우석의 몸은 계속 자랐다. 자고 나면 자라고 또 자랐다. 이제는 어른들보다 머리가 하나 더 얹어진 모양새였고, 쑥쑥 자라는 키에 비해 살집이 붙지를 않아 우석은 마치 바지랑대에 무수리 옷을 입혀 놓은 것 같았다.

무수리 옷은 일반 궁녀와 달리 무명 단색이었다. 허리까지 내려오는 긴 저고리와 치마를 끈으로 동여매고, 넓적한 방석처럼 틀어 올린 방석 머리를 했다. 일하기 좋은 차림새였다. 걸어 다니는 바지랑대 우석이 그 방석 머리에 큰 항아리를 이고 다니면 전각 담장 위로 우뚝 솟아 눈에 띄었다. 없는 듯 있어야 하는 무수리 우석은 늘 남의 눈에 띄지 않게 허리와 무릎을 굽히고 한껏 낮은 자세로 다녀야만 했다. 그런 자세로 나인들이 시키는 대로 하루 종일 전각 밖 우물에서 물을 길어 나르고, 내전 처소마다 쭈그리고 앉아 참숯을 피워 불을 땠다. 그런 일들은 힘들지 않았다. 하지만 아무리 열심히 일해도 여전히 자신을 괴물로만 취급하는 사람들을 보면 서럽고 우울했다.

"휴우!"

그럴 때는 한숨 밖에 나오지 않았다. 할 수 있다면 아비와 수맹 할머이, 수맹 오빠, 개똥이네, 소똥이네, 말똥이네와 살던 때로 돌아가고 싶었다. 하지만 이제는 그럴 수 없다는 것을 알았다. 구중궁궐 깊은 곳의 하급 궁녀 무수리로 평생을 살아야 할 운명이었다. 어쩔 수 없지! 아비와 수맹 할머이도 어쩔 수 없는 일이라고 하셨지. 어쩔 수 없다면 이곳에서 즐겁게 살아 보리라. 한숨을 을려 쉬고 내려 쉬던 우석은 다시 한번 그렇게 마음을 다잡고 힘을 내었다.

정신을 차리고 우물에 던진 두레박을 끌어 올리려는 순간, 우석은 우물에 비친 자기 얼굴을 보았다. 자기가 봐도 괴물 같았다. 환한 남색 치마에 옥색 저고리를 입고, 겉마기까지 입은 나인들과 비교하니 암청색 무명옷이 더 싫었다. 방석 머리 밑으로 툭 튀어나온 눈썹뼈는 왜 그리 보기가 싫은지……. 우석은 두레박줄을 놓고 주저앉았다. 커다란 자기 몸이 싫었다. 손도, 발도…… 어쩌면 이리도 크다는 말인가? 어째서 나는 남과 다른 몸으로 태어났을까? 처음으로 삼신 할머이가 원망스러웠다. 이리 크게 태어나지 않았다면, 다른 친구들과 비슷한 몸으로 태어났다면 입궁하라는 명을 받지도 않았을 것이다. 지금쯤 아비와 수맹 할머이와 수맹 오빠와 농사짓고 나무하며 평범하게 살았을 것이다. 우석은 자기 모습이 너무 싫었다.

강화섬 길상촌의 명랑하고 용감했던 아지는 어디 갔을까? 하늘이 주신 튼튼한 몸과 강한 힘으로 약한 사람과 이웃을 도우라는 이름을 받고 기뻐하던 우석은 자꾸만 자신이 꺼져 가는 숯불처럼 사그라드는 것만 같았다. 몸만큼이나 크고 강하던 우석의 마음이 자꾸만 무너져 내렸다. 하지만 나인들은 그런 우석의 마음을 알아주기는커녕 장정들도 하기 힘들 만큼 많은 일을 시켰고, 그 일을 해내는 우석을 조롱했다. 우석의 얼굴에서 웃음이 말랐고 입은 더 굳게 닫혔다. 웃음이 사라진 우석의 얼굴은 더 어두워졌다. 하지만 그런 우석에게 눈길을 주는 사람은 없었다. 우석을 데려왔던 김 상궁 외에는!

우석은 매달 받는 쌀 여섯 말을 팔아 장통방 약방을 통해 아비에게 보냈다. 덕분에 아비는 조금씩 논밭을 마련했다. 이제 아비와 수맹 할머이, 수맹이, 즉 강화의 가족들은 더 이상 한 촌지네 소작을 하지 않아도 되었다. 얼마 안 되는 땅이지만 자작농이 된 아비 이 서방은 수맹이와 함께 자신의 논밭에서 농사를 지었다. 부지런한 그들은 남들이 빌리는 환곡을 빌리지 않고도 보릿고개를 넘을 수 있었다.

우석의 키는 대나무처럼 쑥쑥 자랐고, 힘도 그에 상응했다. 이제는 궐 안을 오가는 장군들보다도 컸다. 그러면서 우석은 더욱 고립되었다. 단지 아비의 논밭을 늘려 주는 기쁨이 유일하게 삶을 버티게 해 주는 생명줄이었다.

불을 꺼라! 살고 싶거든

"초학(初學), 선수립지(先須立志) 필이성인자기(必以聖人自期) 불가유일호자(不可有一毫自) 소퇴탁지념(小退託之念)."

한겨울, 애기항아들이 공부하는 방에서 청명한 소리가 울려 퍼졌다. 글 읽는 소리였다. 철종 12년(1861년), 열아홉 살 우석은 7척 장신으로 자랐다. 조선 땅 어디에서도 보기 힘든 기괴한 몸이었다. 궐 안 어딜 가나 삐죽하게 혼자 솟았다. 그러니 사람들 눈에 띄지 않으려고 자꾸 몸을 웅크렸다. 아궁이에 불 때는 일도 편치 않았다. 전각 밑 아궁이에 불을 때려면 허리와 어깨를 잔뜩 낮춰야 했다. 우석은 그런 불편한 자세로 숯 통에서 숯을 꺼내어 아궁이에 밀어 넣었다. 아궁이 속의 숯이 잘 타도록 이리 뒤집고 저리 뒤집을 때마다 새빨간 불이 이글거렸다. 다 죽은 것처럼 보여도 뒤집어서 공기가 닿으면 다시금 살아나는 것이 불이었다.

꺼진 잿빛처럼 암울한 무수리 생활에서도 우석을 살게 해 주는 공기 같은 순간이 있었다. 바로 이렇게 애기항아들 공부하는 소리를 들으면서 아궁이에 불을 때는 시간이었다. 그때 우석은 타다 만 나뭇가지로 부엌 흙바닥에 글자를 쓰던 때로 돌아갔다. 수맹 할머이에게 언문을 배우고, 수맹 오빠에게 한자를 배우던 그 행복한 때였다.

"누가 이 뜻을 말해 보려느냐?"

방 안에서 교사 상궁이 말했다. 그런데 아무도 나서는 이가 없었다. 서로 눈치만 보고 입을 꾹 다물고 있는 것이 분명했다. 무수리 생활이 한두 해가 아니니 밖에서 불을 때는 우석은 공부방 안의 풍경이 머릿속에 그려졌다.

"어허! 지난 시간에 배운 것을 분명히 익혀 오라 하였거늘 어찌하여 답이 없는 것이냐?"

역시 아무도 나서지 않았다. 교사 상궁의 목소리에 힘

이 들어갔다.

"어헛! 이리도 아둔하고 게을러서야 어찌 지존을 모시는 지밀나인이 될 수 있겠느냐?"

교사 상궁이 버럭 화를 내는 바람에 우석은 김 상궁이 다가오는 소리를 듣지 못했다. 우석이 숯을 더 집어넣으며 작게 혼잣말을 했다. 강화를 떠나온 후 공부는 할 기회가 없었지만, 귀동냥으로 소학을 뗀 것은 이미 오래전이었다.

"처음 공부를 시작한 사람은 무엇보다 먼저 꼭 뜻을 세우되, 반드시 성인(聖人)이 될 것을 스스로 기약할 것이다. 조금이라도 자신을 작게 여겨 물러설 것을 생각해서는 아니 된다."

놀란 김 상궁이 헛기침을 했다. 우석은 깜짝 놀라 벌떡 일어났다. 얼굴과 손에 숯검정이 묻고 언 손이 터졌다가 아물어 우둘투둘 흉터투성이였다. 하지만 우석의 눈동자는 총명하게 반짝였다. 말없이 그 눈을 바라보는 김 상궁의 얼굴이 굳어졌다.

잠시 후, 두 사람은 인적이 드문 통명전 뒷마당에 섰다.

김 상궁이 우석의 종아리를 쳤다. 통명전은 숙종 대 희빈 장씨가 인현왕후에게 해를 입히려 주술을 펼친 전각인데 지금은 사용하는 일이 드물어 드나드는 이가 없는 한적한 곳이었다.

착!

"……."

착!

"……."

착!

"……."

우석의 종아리에서 피가 튀고, 부러진 회초리 조각도 튀었다. 이미 사방에 부러진 회초리가 늘비하고, 우석의 종아리는 터지고 찢기었다. 7척 장신 괴력의 우석이 힘이 없어서 그 매를 맞았겠는가? 상전이 치면 맞는 것, 상전이 말하면 무조건 "예!"라고 하는 것, 아비가 그랬던 것처럼 관에서 하라면 백성은 어쩔 수 없는 것. 그것이 그들이 사는 세상의 규칙이니 종아리를 내어 준 것이다. 힘에 겨운 김 상궁이 우석에게 물었다.

"헉! 헉! 이, 이제는 알겠느냐? 네 잘못이 무엇인지?"

김 상궁이 물었다. 가쁜 숨을 몰아쉬면서도 위엄을 잃지 않으려 애쓰는 김 상궁이었다. 그것이 우석의 상전이자 어른으로서의 태도였다. 궐에 들어와 괴물 취급을 받은 9년 동안 김 상궁은 우석을 보호해 준 적이 단 한 번도 없었다. 하지만 우석은 지금 이 회초리가 자신을 보호하려는 것임을 알았다. 그런 김 상궁을 향해 우석이 답했다. 그 매를 맞는 동안 한 번도 신음하지 않고, 눈물 한 번 보이지 않은 우석이었다.

"모르옵니다."

김 상궁은 기가 막혔다. 이 아이를 어쩐단 말인가?

"몰라? 진정 모른단 말이렷다! 네 신분이 무엇이냐?"

"무수리이옵니다."

"무수리의 본분이 무엇이냐?"

"궐 안의 잡일을 담당하는 것입니다."

"물 긷기, 불 때기에 글공부가 해당하는 것이더냐?"

우석의 입이 꾹 닫혔다. 김 상궁이 서둘렀다.

"어서 대답하지 못할까?"

어서 알겠다고 했으면 싶었다. 다시는 글에 관심을 두지 않겠다고 했으면 싶었다. 주어진 운명대로 나인들이 시키는 일이나 하며 아무나 출입할 수 없는 궁궐에서 왕가를 위해 그림자처럼 살다가 나이 들어 조용히 사라지는 삶을 영광으로 알겠다고 했으면 싶었다. 그러나 우석은 닫은 입을 좀체 열지 않았다. 두 사람 사이에 침묵이 흘렀다. 우석이 천천히 입을 떼었다.

"지금은 비록 무수리이나, 어찌 제 평생 물 긷기, 불 때기만 하겠습니까? 어찌 제 평생 무명 단색의 무수리로만 끝나겠습니까?"

파랗게 질린 김 상궁이 주위를 둘러봤다. 다행히 아무도 없었다. 목숨을 내놓은 이 대답을 누가 듣기라도 했으면 어쩔 것인가?

"뭣이라? 무명 단색의 무수리로만 끝나겠느냐고? 그런 말을 지껄이다니 제정신이 아닌 게 분명하구나. 저승문을 구경해야 제정신이 들겠느냐?"

김 상궁은 다시 회초리를 들었다. 자기보다 더 크고, 힘으로는 당할 수 없는 우석이었다. 우석 역시 마찬가지였다. 자신을 궐에 데려오고, 모두가 자신을 괴물이라고 부르면서 외면해도 어디니처럼 멀리서 자신을 바라봐 준 유일한 사람이 김 상궁이었다. 어쩌면 그래서 속을 보였을지도 모를 일이었다. 우석은 김 상궁의 마음을 알기에 그저 입을 꾹 다물고 주먹을 쥐고 눈을 감고 호흡을 고르며 매를 맞았다. 아무도 없는 통명전 뒷마당에 허공을 가르는 회초리가 우석의 댄 종아리에 떨어지는 소리밖에 들리지 않았다. 탈진한 김 상궁이 매를 던지고 털썩 주저앉으며 탄식했다.

"네 안에 불이 있구나. 그 불을 꺼라. 살고 싶거든."

사방이 고요했다. 바닥에 주저앉은 김 상궁과 터진 종아리를 수습할 생각도 없이 고집스레 우뚝 서 있는 우석 사이에 오직 각자의 숨을 고르는 소리뿐이었다. 잠시 후, 김 상궁이 일어나 무거운 걸음으로 뒷마당을 나갔다. 그제야 우석이 풀썩 주저앉았다. 터진 종아리에서 피가 철철 났다.

"끄-응"

우석도 힘을 내어 일어나려던 순간 어디선가 소리가

났다. 바삭! 돌 밟는 소리였다. 누군가 전각 뒤에서 얼굴을 내밀었다. 작년 정월 대보름 '쥐부리 글려'때 제일 먼저 오줌을 지리고 주저앉아 울음을 터트렸던 애기항아였다.

매년 그랬듯이 궁녀들은 오줌을 지린 애기항아들을 보고 박장대소를 했다. 그러나 우석만은 웃지 않았다. 그들을 말릴 수는 없었으나 도저히 그들과 같이 웃을 수가 없었다. 행사가 끝나고 모두 흩어지자 우석은 따뜻한 물을 데워 애기항아들을 씻겨 주었다. 그때 두 팔로 우석의 목을 감고 폭 안기던 애기항아가 있었다. 저 멀리 아랫동네 진주에서 왔다던가? 대여섯 살이나 먹었을까? 나이에 비해 유난히 몸피가 작아 마음이 쓰이던 애기항아였다.

그 애기항아가 어찌 겁도 없이 드나드는 이 없는 한적한 통명전에 있었단 말인가? 놀란 우석이 벌떡 일어서려 했지만 그만 다시 털썩 주저앉고 말았다. 다리에서 쥐가 난 탓이었다.

"으으으…… 으으윽."

우석이 쥐가 나서 뻣뻣해진 다리를 잡고 신음하자 그 겁 없는 애기항아는 자신의 속바지를 벗어 우석의 피를 닦고 다리를 주물러 주었다. 우석이 그런 애기항아를 내려다보며 웃었다. 애기항아도 그런 우석을 올려다보고 웃었다. 두 사람의 눈이 마주 보고 웃었다. 입궁하고 나서 처음이었다. 우석이 누군가와 그렇게 눈맞춤을 하고 함께 웃어 본 것이.

"애기항아님은 소인이 무섭지 않으세요? 모두 괴물이라고 피하기 바쁜데……."

애기항아가 고개를 저었다. 그러면서 우석의 팔을 잡고 일으켜 세우려고 했다. 그리 도움이 되지는 않았으나 우석은 힘을 내어 일어섰다. 괴물처럼 크고 남자 대여섯은 족히 대적할 만한 힘을 가진 우석이 절뚝거리며 뒷마당을 걸어 나왔다. 애기항아가 손을 내밀었다. 조금이라도 힘이 되겠다는 뜻이었다.

우석은 한여름 호박잎처럼 벙그러진 큰 손으로 그 작고 여린 손을 감싸 잡았다. 마치 아기 새를 손에 쥔 것 같았다. 새순같이 보드라운 그 작은 손 하나로 우석의 심장이 따뜻해졌다. 그 순간, 마음 둘 곳 없던 우석의 무수리 생활에 마음 붙여 돌보고 지켜줘야 할 작은 새가 생겼다.

열아홉 우석의 품에 진주에서 온 작은 새가 날아와 둥지를 튼 것이다. 신분의 구별이 있으니 감히 그 작은 새의 이름을 부를 수는 없었다. 우석은 혼자 속으로 '진주 항아님'이라 이름 지었다. 궁궐 안, 우석의 잿빛 세상에 한 줄기 빛이 드리웠다.

3장

여기,
사람이 있다

임술년에 일어난 일

한 해가 지나 우석은 스무 살이 되었다. 철종 13년(1862년), 임술년이었다. 초여름 비번 날에 우석은 아비를 만나러 장통방 약방에 갔다. 아비와 만나기로 미리 약조된 날이었다. 그러나 약방 뒤채에 앉아 아무리 기다려도 아비는 나타나지 않았다. 해가 기울기 시작하자 우석은 자리에서 일어섰다. 궐에 들어가야 할 시간이었다.

우석은 마음이 편치 않았다. 아무래도 아비에게 무슨 일이 있는 것이 분명했다. 오늘 만나자는 약조를 잊었을 리가 없다. 혹시 아비가 편찮으신 건 아닌지 걱정이 되었다. 몇 해 전, 홍수에 말똥이가 바다로 쓸려가 주검으로 돌아왔다는 소식을 듣고 망연자실했던 때가 떠올라 불안했다. 강화섬에 무슨 일이 있는 것은 아닌지 멀리 있는 우석으로서는 답답한 노릇이었다. 그때, 방문이 열렸다. 방 안으로 들어서는 대치 어른의 얼굴이 굳어 있었다.

"오늘 못 오신다. 연락이 왔으니 그리 알고 돌아가거라."

"혹시 무슨 일이 있으신가요? 아시는 대로 말씀을 해 주십시오."

무거운 침묵이 흘렀다. 잠시 후, 대치 어른이 낮은 목소리로 짧게 말씀하셨다.

"우석아, 올해 이른 봄부터 나라가 시끄러운 것을 알고 있느냐?"

"아니요. 모릅니다. 나라가 왜 시끄럽습니까?"

"흠… 궐 안은 아직 고요한가 보구나……. 해 지겠다. 어서 가거라!"

"네. 어르신. 혹시 강화에서 소식이 오거든 꼭 전해 주십시오. 그러면 이만 가 보겠습니다. 안녕히 계십시오."

우석은 대치 어른께 인사를 드리고 급히 궐로 돌아왔다. 내전으로 향하는 길에 우물에서 입궁한 지 얼마 안 된 신입 무수리가 보였다. 수원에서 온 양순이였다. 아직 신입 무수리 양순이는 물항아리를 머리 위로 들어 올려 납작한 방석 머리 위에 막 얹으려던 참이었다. 그런데 그만 손이 미끄러지면서 물을 채운 항아리가 한쪽으로 기울며 물이 철렁거렸다.

"어엇!"

당황한 양순이는 휘청거리는 몸을 세우려 애쓰면서도 항아리를 떨어뜨리지 않기 위해 다시 손을 내밀었다. 그러나 안타깝게도 그 손은 항아리에 닿지 않고 허공을 휘저을 뿐이었다. 그때 커다란 손이 나타나 항아리를 척 받쳐 주었다. 덕분에 양순이가 두 손으로 항아리를 덥석 잡고 몸을 바로 세웠다.

도움을 준 이가 누구인지 보기 위해 주변을 살피자, 물벼락을 맞은 우석의 옆구리가 보였다. 잘못을 추궁하고 다그치던 다른 무수리 어른들과 달리 한 마디 꾸중도 없이 도움만 주고 가는 우석의 뒷모습을 보면서 양순이는 '내전의 7척 장신 괴력의 소유자'가 듣던 것처럼 무서운 괴물이 아닐지도 모른다고 생각했다. 그러나 신입 무수리 양순을 쓱 도운 후 앞서 뚜벅뚜벅 걸어가는 우석의 속은 속이 아니었다.

'봄부터 나라가 시끄럽다는 대치 어른 말씀이 무슨 얘기지? 혹시 아버지가 그날 약방에 못 오신 것과 무슨 관계가 있을까? 나라님이 계시는 궐 안은 왜 이렇게 조용하지? 도대체 그 일이 무슨 일일까?'

약방에서는 아무런 기별도 없고, 궐 안 누구에게도 물어볼 수가 없었다. 하지만 얼마 지나지 않아 우석의 귀에 흉흉한 소문이 들려왔다. 커다란 물항아리를 이고 수라간에 막 들어서려던 참이었다. 살짝 열린 문 사이로 들리던 도마질 소리가 멈추었다. 그리고 도마질을 멈춘 나인 둘이 속삭이는 소리가 들렸다.

"글쎄, 그랬다잖아. 관아로 몰려가서……."

"관아로? 왜?"

"해도 해도 너무하니까 그랬을 테지. 그래도 너무 무섭지 않아? 으으으."

한 나인이 진저리를 치며 무서워하자 다른 나인이 사방을 살피고 입을 꾹 닫았다. 수라간 앞에 선 우석이 인기

척을 냈다. 두 사람은 재빨리 칼을 잡고 도마 위에 놓인 표고를 썰었다. 우석은 수라간 항아리에 물을 붓고 다시 빈 항아리를 머리에 이었다. 우석이 나가자 두 나인은 서로 눈빛을 교환했다.

'들었을까?'

'에이, 뭐 들었겠어?'

'하긴… 들었으면 뭐, 입 한 번 안 떼는 저 괴물이…….'

두 나인의 겁먹은 얼굴이 비로소 펴졌다. 두 사람은 아무 일도 없었다는 듯 다시 제 할 일을 하였다. 괴물 무수리 우석은 궐 안 어디에서도 없는 사람이나 마찬가지였다. 하지만 소문은 마치 보이지 않는 공기와 같아서 전각의 안과 밖을 넘나들었다. 그날부터 우석의 눈과 귀에 그동안 보이지 않던 것들이 보이고, 들리지 않던 것들이 들렸다. 궐 안의 나인, 상궁, 환관들은 물론 담 너머 으슥한 곳에서 관료들 역시 삼삼오오 모여 은밀하게 밀담을 나누었다.

'궐 안이 조용하지 않았구나. 내가 몰랐을 뿐!'

자신이 모르는 사이에 무슨 일인가가 일어났고, 그 일

이 강화섬 식구들과도 관련이 있는 일이라면 어찌 할까? 우석의 심장이 두근거렸다.

다음 비번 날에, 우석은 장통방 약방을 찾았다. 사람들 눈을 피해 뒷문으로 들어서니 심부름하는 아이가 인사를 하고 뒤채로 들어갔다. 혹시 먼저 오신 손님이 계실까 싶어 신경이 쓰였다. 그런데 뒤채 뒷방에서 대치 어른을 따라 나오는 사람이 수맹 오빠가 아닌가?

"오빠! 수맹 오빠!"

우석은 반가운 마음에 어릴 때처럼 펄쩍펄쩍 뛰었다. 10년 만이었다. 그동안 수맹 오빠가 아비 심부름으로 약방을 오간다는 이야기는 들었지만 서로 길이 갈려서 만나지 못해 아쉬웠었다. 우석은 한순간에 만나지 못한 10년 세월을 훌쩍 넘었다.

그러나 수맹 오빠는 그렇지 않았다. 어린 시절의 수맹 오빠가 아니었다. 어릴 때보다 키 차이가 더 많이 났다. 수맹도 우석의 모습에 많이 놀란 눈치였다. 적은 나이도 아니니 내외할 수도 있었다. 하지만 우석은 무엇보다 수맹 오빠의 얼굴이 그늘지고 수척하며 딱딱하게 굳어 있다는 걸 알아차렸다. 방금 뒤채에서 나눈 대치 어른과 수맹 오빠의 대화가 심상치 않은 듯했다. 대치 어른이 앞채로 들어가며 심부름하는 아이에게 이르셨다.

"다과를 내드려라."

우석과 수맹 오빠, 두 사람은 약방 뒤채에 마주 앉았다. 아이가 다과상을 들여오자 우석과 수맹이 동시에 일어났다. 두 사람의 손이 다과상 옆구리에서 만났다. 머쓱해진 수맹 오빠가 얼른 상에서 손을 떼고 나가는 아이에게 고맙다고 인사를 했다. 아이가 돌아보며 환한 낯으로 고개를 숙였다. 아이의 발걸음이 멀어지자 우석이 물었다.

"도대체 무슨 일이야? 강화에 무슨 일이 있는 거냐고? 설마 아버지께서 많이 편찮으신 건 아니지?"

"……."

수맹 오빠의 입은 굳게 닫혀 쉽게 열릴 것 같지 않았다.

"오빠, 예전에도 그랬지? 전등사 작은 스님한테 받은 책을 혼자서만 읽고……. 내가 알려 달라고 할 때까지 먼저 알려 주겠다고 하지 않았잖아. 나는 알고 싶어. 눈이 있어도 보지 못하고, 귀가 있어도 듣지 못하고, 입이 있어도 말하지 못하는…… 아니, 말이야 안다고 다 내놓을 수 있는 게 아니지만…… 그래도 나는 알아야겠어. 그게 뭐야? 오빠는 알고 나는 모르는 일, 그 일이 뭐냐고? 우리 아버지한테 무슨 일이 있는 거냐고? 내가 자식인데 알아야 하잖아?"

"휴……우!"

수맹 오빠의 한숨이 깊었다. 우석은 마른침을 삼켰다. 드디어 수맹 오빠가 입을 열었다.

"아저씨는……."

"그래, 우리 아버지는?"

"바쁘셔."

"휴우! 다행이네. 편찮으신 건 아니란 말이지? 그럼 할머이는? 할머이 건강은 어떠셔? 연세가 많으시잖아."

"할머이도 괜찮으셔. 아직 자리 펴고 눕지는 않으셨어."

"휴우! 다행이다. 그러면 이제 말해 봐. 뭐든지 다!"

수맹 오빠에게 듣는 이야기는 놀라웠다. 몇 년 전부터 관아에서 수맹 오빠에게 필요하지도 않은 환곡미를 빌리라고 해서 거절했지만, 매년 거의 강제로 안겼다는 것이다. 수맹 할머이네는 아비 이 서방과 함께 농사를 지어 함께 나누어 먹고살았다. 우석이 사 드린 농토가 그리 넓지 않았지만, 굳이 환곡을 빌리지 않고도 세 식구가 살아갈 수 있었다. 그런데도 막무가내로 환곡을 빌리라고 떠안겼다는 것이다.

우석은 어린 시절 그렇게 서슬이 퍼렇던 관아의 위력을 생각했다. 남녀노소 모두가 그 문 앞을 지날 때면 저절로 어깨가 움츠러들지 않았던가? 그 생각을 하니 자신의 입궁할 때가 떠올랐다. 자신의 입궁은 관에서 정한 일이라서 백성인 자신과 아비는 무조건 따를 수밖에 없다고 하지 않았는가? 그렇다면 관에서 잘못할 때는 어찌해야 하나? 우석의 마음속에서 그런 물음이 꼬리를 물고 일어났다.

"그런데 더 큰 문제는 그런 일이 이번이 처음이 아니라는 거야."

"처음이 아니라고? 나는 몰랐었네."

"우린 어릴 때라 잘 몰랐던 거지. 아저씨 말씀으로는

수십 년 동안 이런 일이 계속되었다고 하셨어. 수십 년 동안! 관에서 잘못된 결정이 있으면 백성이 탄원할 때 옳고 그름을 가려 바로잡아야 하잖아? 그런데 관리들이 그렇지 않았다는 거지. 그래서 백성들은 점점 더 살기가 힘들어지고, 엉터리 관리들은 점점 더 배를 불리지 않았겠어?"

수맹 오빠의 눈빛에 분노가 일었다. 약하고 순했던 수맹 오빠의 뼈가 야물어진 것을 보고 '농사꾼이 다 되었구나!' 했던 우석은 그 눈빛에 서린 분노를 보고 안심이 되었다.

'수맹 오빠가 이제 약하지 않구나!'

자신이 길상촌을 떠나올 때 손가락 걸고 한 약속, 반드시 약한 점을 극복하고 강한 사람이 되겠다는 그 약속을 잘 지켜 낸 수맹 오빠가 대단해 보였다.

수맹 오빠의 말이 이어졌다. 환곡을 빌려야 겨우 보릿고개를 넘는 개똥이네나 소똥이네야 어쩔 수 없다지만, 그마저도 환곡으로 받은 쌀은 알갱이가 부실하거나 겨가 섞인 것이 대부분이었다는 것이다. 더 황당한 소식은 몇 해 전 홍수 때 바다로 휩쓸려 간 말똥이 몫으로 군포를 내라고 해서 말똥이 아비가 관아에 가서 탄원했다가 곤장을 맞고 초주검이 되었다는 것이다. 자식 죽은 것도 애통한데 그 지경까지 당했으니 말똥이네 집은 초상집이 되지 않았겠는가? 아비 이 서방의 사정은 또 어떠한가? 우석이 사 준 농토 옆에 붙어 있는 황무지를 개간지로 둔갑시켜 땅세를 내라고 횡포를 부렸다 하지 않는가?

"아저씨하고 그 땅을 개간하자는 얘기는 했어. 하지만 아직 개간을 시작하지도 않았다고! 그런데 무슨 땅세를 내라는 거야?"

수맹 오빠가 저렇게 말을 잘하는 사람이었나? 우석은 깜짝 놀랐다.

"맞아! 무슨 땅세? 그래서?"

"전등사 작은 스님이 탄원서를 써 주셔서 아저씨하고 나하고 억울한 사람들이 함께 탄원하러 관아에 갔지."

"그래서?"

"……."

수맹 오빠가 말을 멈추고 숨을 골랐다. 우석은 기다려 주었다. 그 뒤에 나온 얘기는 실로 어마어마했다. 오빠 말에 따르면 이런 일들이 강화섬에서만 일어난 것은 아니라고 한다. 우석이 입궁한 10년 전에도, 우석이 태어난 그 10년 전에도, 우석이 태어나지 않았던 그 10년 전에도 전국 팔도에서 그와 비슷한 일들이 있었다는 것이다. 수맹 오빠의 이야기는 이렇게 끝났다.

"올봄에 경상도 단성에서 백성들이 단성 관아에 쳐들어갔어. 거기 관리가 세금을 몰래 빼돌리고 그걸 메꾸려고 또 세금을 걷었대. 그런 일이 어찌 한 번뿐이었겠어? 게다가 다시 걷으려는 세금이 엄청나게 많아서 단성 양반 중 몇 분이 전등사 작은 스님처럼 그것은 잘못이라는 탄원서를 써서 관아에 보냈는데 아무것도 바뀌지 않은 거지. 그래서 그 일이 일어난 거야. 백성들이 몰려가서 백 씨라던가? 그 관리 집을 때려 부수고 진주 산성까지 차지했다는 소문이 퍼졌어. 전라도, 충청도에서도 일어났고! 강화도 좀 그래. 단성처럼 심하지는 않아도……. 아저씨는 그 일로 바쁘시고."

"아버지가……?"

궁궐로 돌아오는 우석의 다리가 후들거렸다.

'그랬구나. 그랬구나. 그런 엄청난 일들이 있었구나.'

지존이 계신 궁궐, 자신은 그저 왕과 왕가를 위해 종일 물을 긷고, 불을 때는 무수리일 뿐인 궁궐, 제 아비가 그런 위험한 상황에 놓였는데도 이렇게 궐 안에 갇혀 무엇 하나 돕지를 못하는 것이 몹시 괴로웠다. 수맹 오빠를 만난 그날, 우석에게 또 하나의 질문이 싹텄다.

'탐관오리들이 백성들을 그렇게 괴롭혀 자신들의 배를 채울 때, 나라님은 무엇을 하시는 걸까? 비단 관복을 입고 궁궐을 드나드는 영의정, 좌의정, 우의정들은 다 무엇을 하는 걸까? 수십 년 동안이나 같은 잘못들이 지속되고, 점점 더 나빠지는데 왜 바로잡지 못하는 거지? 왜? 왜? 왜?'

조선은 어떤 나라인가?

그날 이후, 우석은 나랏일에 관심이 생겼다. 강화섬 아비가 무슨 변을 당할지 모르는 상황이었다. 아비를 위해 할 수 있는 일이 없어 가슴만 졸였다. 소문은 흉흉했다. 잘못이 드러난 탐관오리가 파직당하고 벌을 받는 것은 당연했지만, 그 일을 주도한 사람들까지 잡혀서 처형당했다는 것이었다. 수맹 오빠는 강화섬은 그렇게까지 심각한 상황은 아니라고 했지만, 우석은 아비 걱정에 애가 닳고 뼈가 녹았다. 마음의 병이 몸으로 와서 몸살을 앓았다. 답답한 마음에 찾아갈 곳은 장통방뿐이었다.

"혹시 강화섬에서 소식이 왔습니까?"

뒤채에 마주 앉은 대치 어른이 고개를 저었다. 실망한

우석이 한숨을 내쉬었다. 무거운 침묵을 깨고 우석이 다시 물었다.

"이 일은 어찌 끝나겠습니까? 대치 어른!"

대치 어른이 우석을 바라보았다. 깊이를 알 수 없는 고요한 눈이었다.

"이 일은 백성들이 목숨을 걸고 조선 조정에 던진 커다란 질문이다. 조선은 어떤 나라냐고……. 왕과 왕의 가족, 관료와 관료의 가족, 백성과 백성의 가족이 함께 사는 나라인가, 아닌가? …… 이제 조선 조정이 답할 차례다. 어떤 답을 하는지 기다려 보자꾸나."

그날 대치 어른의 말은 어려웠다. 조선 조정의 답을 기다려 보자는 말도 너무 한가롭게 들렸다. 우석에게는 당장 아비의 목숨이 달린 일인데, 선문답이나 듣자고 온 건가 싶어 화가 났다. 대치 어른이 누구인가? 아비가 스승으로 모실뿐더러 자신에게는 '우석'이라는 이름까지 지어주신 분 아닌가? 그런데 오늘은 그분이 아주 냉정하고 멀게만 느껴졌다. 하지만 궁에 돌아와 여러 날이 지나도록 우석의 머릿속에서 지워지지 않는 말이 있었다. '목숨을 건 질문'과 '조선은 어떤 나라인가?'라는 말이었다. 조선이 어떤 나라인지 물으려면 목숨을 걸어야 한다는 뜻이 아닌가?

우석은 목숨을 걸 자신은 없었다. 하지만 조선이 어떤 나라인지는 알고 싶었다. 조선은 지존이신 왕이 다스리는 나라였다. 그래서 자신이 거부할 수 없는 궁궐의 액맥이가 되어 '있지만 없는 존재', 심지어는 '괴물'로 살아가는 것 아닌가? 조선의 지존, 왕과 왕의 가족을 위해! 자신과 자신의 가족을 위해서가 아니라! 하지만 이런 말을 입 밖에 냈다가는 목숨을 잃을 수 있었다. 입궁하기 전, 수맹 할머이와 아비가 세상 거칠 것 없던 어린 우석에게 무서운 얼굴로 다그치며 "말조심해라. 큰일 난다."라고 단단히 이르지 않았던가? 우석은 그렇게 자신을 다그치던 아비의 '목숨을 건 질문'에 조선 조정이 흡족한 답을 하기를 간절히, 간절히 바랐다.

그날 이후, 우석은 편히 다리를 펴고 잠들지 못했다. 이 일은 어떻게 끝날 것인가? 아비의 목숨은 그 결과에 달렸다. 우석은 수맹 할머이가 그랬듯이 아비의 목숨을 하늘에 비는 것 외에 달리 할 수 있는 일이 없어 답답했다.

다행히 조정에서 <삼정이정청>이라는 임시 기구를 만들어 백성들이 제기한 문제를 해결하기로 했다는 소문이 들려왔다. 우석은 비로소 숨을 쉬었다. 그해 임술년 말에는 조선에 휘몰아쳤던 '목숨을 건 질문'의 바람도 대체로 잦아들었고, 다행히 아비 이 서방을 비롯한 강화섬의 가족들도 무사했다. 개똥이, 소똥이, 말똥이네도 무탈했다. 강화의 바람은 다시 순해졌다. 그렇게 새해가 왔다.

사실 우석은 궁금했다. 대치 어른은, 아비는 그때 조선 조정이 내놓은 답에 흡족하셨을까? 하지만 굳이 여쭙지 않았다. '조선은 어떤 나라인가?'에 대한 답이라니! 구중궁궐에 갇혀 나인들이 시키는 허드렛일을 무한 반복하다 죽을 운명인 하급 궁녀 무수리 우석에게는 너무 무거운 질문이었다.

우석은 너무 버거운 호기심은 묻어 두기로 했다. 생각이나 의견 따위는 필요치 않은 삶이 자신의 운명이지 않은가? 마치 아무 일도 없었던 것처럼, 마치 아무 질문도 하지 않았던 것처럼, 마치 아무 대답도 듣지 않은 것처럼! 더도 말고 덜도 말고 시키는 일만 하면서 살아가면 될 터였다. 우석은 그렇게 나랏일에 대한 관심을 접었다. 입궁하기 전에 그랬던 것처럼 아비를 걱정시키는 일은 하지 않을 것이다. 절대로, 절대로 하지 않을 것이다. 우석은 자신이 무탈하게 지내기를 바라는 수맹 할머이와 수맹 오빠, 김 상궁님과 진주 항아님만을 생각하며 살아가기로 했다. 그렇게 고요하게 철종 14년(1863년)이 흘렀다.

그해 한겨울 어느 밤, 우석은 여느 날과 같이 내전을 돌며 전각 구들마다 제대로 불이 들어가는지 확인했다. 그 날의 마지막 일을 마친 우석은 잔뜩 구겼던 몸을 천천히 일으켜 세웠다. 무릎을 세우고 허리를 세웠다. 보는 이 없으니 종일 구부렸던 등도 쭉 편 다음 목을 세우자 비로소 제 높이로 세상이 보였다. 시원스레 고개를 좌우로 돌린 다음 우석은 고개를 뒤로 젖혀 하늘을 올려다보았다. 환한 달님이 그런 우석을 내려다보았다. 우석은 두 손 모으고 머리를 조아려 달님이 계신 하늘을 향해 인사했다.

"고맙습니다. 고맙습니다."

수맹 할머이가 아무 때나 수시로 하늘을 보며 하시던

말씀, 아니 기도였다. 우석이 어릴 때는 무엇이 그렇게 고마운 일인지 잘 몰랐다. 그런데 작년에 아버지와 수맹 오빠가 그렇게 위험한 일을 겪고 나서는 생사를 오가는 일이 벌어지지 않는 평범한 일상이 고마운 일이라는 걸 알았다. 사랑하는 사람들의 목숨이 위협받던 상황이 끝나고 나니, 더할 수 없는 평화가 찾아왔다. 강화의 가족들이 평안하다면 괴물 무수리 생활도 얼마든지 참고 견딜 수 있었다. 궐 안의 우석에게는 진주 항아님이 있지 않은가? 그리고 신입 무수리 양순이 역시 우석을 보는 눈빛에 두려움이 없어졌다. 궐내에 믿을 사람이 아무도 없었던 시절에 비하면 그것만으로도 견딜 만했다. 우석은 아무 일 없는 평온한 하루를 끝낸 것에 감사했다.

이제는 보고만 하고 수사로 돌아가 쉴 시간이었다. 기분 좋게 돌아선 우석이 서너 걸음이나 떼었을까? 머리 위에서 갑자기 큰 소리가 났다.

“사~앙, 위~이, 보~옥.”

“사~앙, 위~이, 보~옥.”

“사~앙, 위~이, 보~옥.”

환한 달 아래 궁궐 지붕에 오른 환관이 북쪽을 향해 곤룡포를 세 번 펄럭이며 이렇게 세 번 외쳤다. 조선의 25대 왕 철종이 승하한 것이다.

우석은 철종의 승하가 슬펐다. 비록 얼굴도 본 적 없고 말도 나눠 본 적 없지만, 우석이 입궁할 때 나라님이 강화섬 나무꾼이었다는 사실이 두려움을 덜어 주지 않았던가? 자신처럼 지게를 지고 나무를 하던 사람이 조선의 왕, 즉 '지존'이 되었다니 신기하고 조금은 친근하게 느꼈다. 지금은 비록 자신의 일이 한미한 일뿐이지만, 나라가 결정한 입궁을 받아들일 때는 '지존을 지키는 일'을 하게 된다는 자부심도 있었다. 나라를 위해 중요한 일을 하리라는 자부심이었다.

국상을 치르느라 궐 안팎이 분주했다. 우석도 마음을 다해 나라님을 보내 드렸다. 국상을 치르자마자 바로 새로운 왕이 즉위했다. 조선의 26대 왕은 홍선군의 둘째 아들인 12살 명복이었다.

병인년의 서양 도깨비들

개인은 사회 안에서 살아간다. 내전 무수리 우석의 사회는 작았다. 강화섬 길상촌 자신의 가족과 마을 사람들, 내전 궁녀들의 세계, 궐 안의 자신과 강화섬을 잇는 장통방 약방이 전부였다. 하지만, 고종 3년(1866년) 병인년에 이르자 달라졌다. 거대한 바윗돌이 날아와 우석의 작은 세상을 산산이 부숴 버린 것이다. 그것은 구중궁궐 높고 깊은 담장 안에 갇힌 내전 무수리 우석이 전혀 알지도 못하고 상상도 하지 못한 일이었다.

병인년의 시작은 피바람이었다. 궐 안의 사람들이 은밀히 나누는 이야기들이 우석의 귀에 들어왔다. 피비린내 가득한 이야기였다. 흥선대원군이 새해 초 조선에 들어와 있던 불국(프랑스) 신부 아홉 명과 서학쟁이들을 참수했다는 얘기는 바람결에 듣는 것만으로도 끔찍했다. 그런데 그 장소가 잠두봉이라는 것 아닌가? 잠두봉이라면 우석이 입궁 전 아비 이 서방과 한성 나들이를 할 때 주막에서 바라보던 봉우리였다.

"아버지, 저 봉우리 보세요. 신기하게 생겼어요. 위로 솟지 않고 앞으로 쭉 나왔어요."

"하하하, 그렇지? 그래서 이름이 잠두봉이라는구나. 애벌레가 머리를 쑥 내밀었다고."

"호호호, 그래요? 애벌레가 머리를 쑥 내밀어서 잠두봉이래요?"

그날 해 질 녘에 잠두봉 뒤로 해가 떨어지는 모습은 얼마나 평화로웠던가. 배를 타고도 한참 건너야 하는 너른 한강 위로 곱고 연한 분홍색 띠가 나타나면, 바람결에 춤추는 한강의 물비늘들이 어린아이들처럼 잔망스럽게 춤을 추었다. 그 모습이 얼마나 예쁘던지 눈을 뗄 수가 없었다. 하늘과 물이 하나 된 자리에 그 예쁜 춤사위가 잦아들면 잠두봉 뒤의 하늘은 분홍빛이 점점 퍼지면서 다홍치마를 펼친 것처럼 진하고 넓게 펼쳐졌다. 어린 아지는 국밥을 뜨다 말고 그 풍경에 넋을 빼앗겨 다홍치마가 어둠 속으로 사라질 때까지 한참을 바라보았다. 물 위로 해가 뜨고 해가 지는 모습은 강화섬에서도 늘 보던 풍경이었다. 그러나 그날 잠두봉 뒤로 보였던 그 풍경은 특별했다. 아비와 함께 본 아름다운 한성의 추억이기 때문이었다. 잠두봉은 낯선 한성 땅에서 자기를 지켜 주는 든든한 아비와 함께한 안온하고 평화로운 기억 속 장소였다.

그런데 그곳에서 사람들의 목이 잘려 한강이 피로 물들었다는 소식은 귀를 틀어막고 소리를 지를 뻔할 정도로 끔찍했다. 나라가 금하는 일을 하면 큰일 난다는 건 알고 있었다. 그렇다고 그렇게까지 참혹한 죽음이라니 우석은 숨이 턱 막혔다. 어쩌면 임술년 그 난리 때 돌아가신 나라님이 마음을 잘못 먹었다면 아비 또한 그리될 뻔하지 않았을까? 상상만으로도 오금이 저렸다. 그러나 한편으로는 '도대체 천주교가 무엇이길래 불국 신부들은 알지도 못하는 머나먼 나라에 와서 그렇게 죽었나?'하는 호기심과 '나라님은 왜 그렇게 끔찍한 명령을 내렸을까?'하는 의문이 들었다.

하지만 우석에게는 그 의문을 더 깊이 생각해 볼 여유가 없었다. 나라님의 혼례 준비로 궐 안이 분주했기 때문이다. 그해 삼월, 창덕궁 후원에 꽃이 피기 시작하는 봄날에 조대비의 수렴청정을 받던 새 나라님(고종)의 국혼이 열렸다. 왕비는 흥선대원군 처남의 양동생 민자영이었다. 공식적으로는 조대비의 수렴청정이 끝났지만, 고종의 뒤에는 여전히 그를 왕위에 올린 아버지 흥선대원군이 있었다. 그가 실질적인 조선의 통치자였다.

봄날의 국혼으로 내전의 새 주인이 왔다. 하지만 내전의 괴물 무수리 우석의 일상은 변함이 없었다. 우석은 여전히 물을 긷고 불을 때고 무거운 것을 옮겼다. 여전히 월봉을 받아 아비의 논밭을 늘리고, 진주 항아님이 자라는 모습을 보는 것을 기쁨으로 여겼다. 지밀의 생각시인 진주 항아님은 태가 고울 뿐 아니라 글공부도 잘해서 교사 상궁님께 으뜸이라는 칭찬을 자주 받았다. 그럴 때마다 그녀는 우석을 통명전 달빛 아래로 불러내어 자랑했고, 우석은 그런 그녀를 다정한 눈빛으로 보듬었다. 가끔씩 진주 항아님이 배탈 나면 우석에게 찾아와 쑥뜸을 떠 달라고 했다. 우석이 능숙하게 쑥뜸을 떠 주고, 품에 안고 커다란 손바닥으로 배를 쓱쓱 문질러 주면 그녀는 아기 새처럼 스르르 잠들곤 했다.

그해 여름, 평양 대동강에 낯선 배가 나타났다. 미리견국(미국) 상선 제너럴 셔어먼호였다. 이들은 조선에 통상을 요구했으나 거절당했다. 병인년 초, 잠두봉에서 시작된 서학쟁이들에 대한 처형이 조선 팔도에서 지속 중인 상황인데, 평양성에서 포를 단 미리견국 상선의 요구를 받아들일 리가 없었다. 이때 평양 감사는 박규수였다. 박규수가 누구인가? 그는『열하일기』를 쓴 연암 박지원의 손자로, 일찍이 청나라 열하에서 서양 무력에 패한 청나라의 모습을 보았기에 제너럴 셔어먼호의 등장에 긴장하지 않을 수 없었다. 게다가 그즈음 조선 관리들 사이에는 곧 불국 군대가 공격해 올 것이라는 소문이 돌았다. 불국 신부들을 처형한 것이 그 이유였다. 하지만 낯선 배가 대동강 강가에 나타나자 이런 사실을 모르던 평양의 순박한 백성들은 그들에게 물과 먹을 것을 가져다주었다. 그런데 그런 사람들에게 포를 쏘았으니 평양 백성들의 분노가 폭발했고, 결국 민관 합동으로 이 배를 불태워 응징했다.

이 소식은 궐 안의 화제였다. 우석의 귀동냥은 거침없었다. 우석에게 신경 쓰는 사람이 아무도 없으니, 우석이 있으나 없으나 자기들끼리 수군거리는 것을 멈추지 않았다. 우석은 나랏일에 관심을 두지 않기로 했지만 들려 오는 어수선한 소식을 억지로 막을 길이 없었다. 조선의 바다 너머 먼 곳에 낯선 모양새를 한 사람들이 사는 낯선 나라들이 있고, 그들이 먼바다를 건너와 총포를 쏘았다는 소식은 불국 신부들과 천주교인들의 죽음만큼이나 끔찍하고 불안했기 때문이었다.

우석은 생각했다. 도대체 왜 이런 일이 일어나는가? 어떻게 해야 이런 끔찍한 일들을 막을 수 있을까? 그러나 누구도 무수리 우석의 생각이나 의견을 궁금해하지 않았고, 우석 또한 그것을 나눌 사람이 없었다. 그것은 지존인 나라님과 높으신 고관대작들이 판단하고 결정할 일이었다. 무수리 우석에게 주어진 역할은 그저 물을 긷고 불을 때며 나인들이 시키는 일을 하느라 종일 종종거리다 잠드는 것뿐이었다. 그녀에게는 오직 의무만 있을 뿐 책임도 권한도 없었다.

불국 군대가 침략할 것이라는 은밀하고 흉흉한 소문은 사실이었다. 평양 대동강에 제너럴 셔어먼호가 나타난 지 두 달 만에 소문대로 불국의 극동함대 사령관 로즈 제독이 군함 7척과 군사 800명을 이끌고 조선에 나타났다. 청나라 텐진에 주둔하던 이들은 군대를 나누어 일부는 한성 양화진에, 일부는 강화섬 갑곶진에 나타났다. 병인년 9월, 이들의 요구는 자국민 죽음에 대한 배상금을 물어내고, 조불 통상 조약을 체결하라는 것이었다. 조선의 답은 역시 거절이었다.

궐 안이 어수선했다. 소문은 안개처럼 사람들을 휘감았다. 특히 양화진을 휘저은 불국 전함에 대한 소문은 궁녀들을 두렵게 했다.

"어떡해, 어떡하지? 얼굴이 하얗고 눈이 파란 불국 도깨비들은 사람도 잡아먹는다는데……. 아이, 끔찍해!"

사람들 눈을 피해 우석을 찾아온 진주 항아님은 우석의 무명 치마 속에 쏙 들어와 발발 떨었다. 열한 살이 되었어도 여전히 몸피가 작은 진주 항아님이었다.

"그래요? 불국 도깨비가 그런대요?"

우석이 치마를 동여맸던 끈을 풀어 진주 항아님을 넉넉히 품어 주었다.

"응. 동무 항아님들이 그랬어! 그렇지만 아무리 양화진까지 왔어도 불국 도깨비가 주상전하 계시는 궐 안으로 들어오진 못하겠지?"

"그럼요. 그렇고 말고요. 걱정하지 마세요. 이번 여름에 평양에 나타난 서양 도깨비를 우리 조선군이 물리쳤잖아요."

우석의 말에 진주 항아님이 떨기를 멈추고 우석의 치마 사이로 얼굴을 쏙 내밀었다.

"그렇지? 우리가 그 미리견국 도깨비를 이겼지?"

"그럼요. 그랬지요. 그러니 걱정 말고 나오세요. 그리고, 불국 도깨비가 궐 안에는 절대 못 들어온답니다."

우석의 장담에 진주 항아님이 우석을 올려다보며 물었다.

"왜~애?"

덥석 믿고 싶으면서도 우석의 말이 진짜일지 확신이 없는 눈치였다. 허리 굽혀 진주 항아님을 내려다보던 우석이 허리를 쭉 펴고 주먹 쥔 두 팔을 올려 힘을 주었다.

"궐에는 제가 있잖아요. 그 어떤 사내보다도 힘센 궁궐 액맥이!"

여전히 우석의 치마 밖으로 얼굴만 내놓은 진주 항아님의 낯빛이 해님처럼 환해졌다.

"그렇지! 맞아! 자네는 불국 도깨비쯤 한 손으로 물리칠 수 있을 거야! 휴우! 다행이야. 정말!"

그제야 우석의 치마에서 나온 진주 항아님은 마음 놓고 나비처럼 팔랑팔랑 가볍게 걸어갔다. 그 모습을 바라보는 우석의 입가에 초승달 같은 웃음이 걸렸다.

가족을 잃다

웃음은 오래 가지 않았다. 우석이 놀란 진주 항아님을 그리 안심시킬 때, 강화섬 갑곶진에서도 전투가 벌어졌다. 갑곶진은 쉽게 무너졌다. 화력의 차이가 너무 컸다. 결국 조선군이 포를 펑펑 쏘아 대며 밀고 들어오는 파란 눈의 불국 군사들을 피해 문수산성으로 들어갈 때 강화섬 남자들에게 동원령이 떨어졌다. 우석의 아비인 이 서방과 수맹도 대상이었다. 그러나 이 서방은 수맹이를 두고 급히 혼자 떠났다. 길상촌의 다정한 이웃 개똥이, 소똥이, 말똥이네가 천주교 박해를 피해 더 깊은 곳으로 숨어들어서 하늘 문이 열린 수맹 할머이를 대신 지켜 줄 사람이 없기 때문이었다.

문수산성 싸움은 조선군의 완패였다. 불국 군대는 기세를 몰아 강화성까지 들어갔다. 그들은 왕실 서고인 〈외규장각〉을 불태우고 조선 왕실 〈의궤〉와 보물 등을 약탈했다. 이 전투에서 우석의 아비 이 서방이 죽었다. 이 서방이 불국의 총을 맞고 숨을 거둘 때, 정족산 길상촌 수맹 할머이도 맥을 놓았다. 할머이를 땅에 묻은 수맹이는 그 길로 조선군을 찾아갔다. 양헌수 장군이 500여 명의 군사를 이끌고 비밀리에 정족산성으로 들어갔다. 〈정족산사고〉가 있는 정족산성은 최후의 보루였다. 이때 수맹이가 조선군에 정족산성으로 가는 길을 안내했다. 일사천리로 강화성까지 진입한 불국의 병사들은 조선군을 가볍게 보고, 무거운 포를 둔 채 총만 들고 정족산성으로 향했다. 그러나 결과는 조선군의 승리였다.

수맹은 정족산성 위에서 총격을 멈추고 물러가는 불국군을 내려다보았다. 무력을 앞세운 불국 군대의 요구는 매우 거칠고 야만적이었다. 수맹은 함께 나고 자란 개똥이, 소똥이, 말똥이네를 생각했다.

'총포를 앞세워 남의 나라에 쳐들어와서 무고한 사람들

을 죽인 저 불국 군은 개똥이, 소똥이, 말똥이네가 믿는 천주교 신부님과 다른 사람들인가? 저들의 천주님은 할머이가 늘상 고맙다고 하는 하늘님과 다른 분인가?'

수맹은 혼란스러웠다.

'저들은 누구인가? 누구인데 갑자기 조선에 나타나 무고한 사람들을 죽이지? 평양에 나타나 사람들을 죽인 미리견국은 어디이고, 강화섬을 공격해 아저씨를 죽게 한 불국은 어디에 있는 나라지? 그들은 왜, 갑자기 조선을 공격하는 거지? 천주님을 믿는다는 그들이 왜?'

수맹에게도 물음표가 늘어 갔다. 병인년 한 해에 제너럴 셔어먼호 사건과 병인양요를 연이어 겪은 조선 조정과 백성들의 적대감이 한껏 치솟았다. 그리하여 조선의 문은 더욱 굳게 닫혔다.

부모와 같은 할머이와 이 서방 아저씨를 한꺼번에 잃은 수맹은 장통방 약방으로 가서 두 분의 부고를 알렸고, 약방에서는 그 소식을 약방에 출입하는 비자를 통해 우석에게 전했다. 부고를 받은 우석은 그만 자리에 주저앉고 말았다. 당장 약방으로 달려가야 했다. 하지만 자신은 매인 몸이었다.

'왜? 도대체 왜? 나는 아무것도 할 수 없나? 아비가 싸울 때 같이 싸울 수도 없고, 아비와 할머이가 돌아가실 때 곁을 지키지도 못하고…… 내 가족을 지키지 못하면서, 뭐? '지존'을 지킨다고?'

우석이 강화에 갔을 때, 이미 그곳에는 아무도 없었다. 수맹 오빠도 없었다. 논밭을 둘러보고 소리쳐 불러 보아도 어디에도 없었다. 우석이 어미의 무덤을 찾아 바다가 보이는 산자락에 오르자, 어미의 무덤 옆에 이 서방과 수맹 할머이의 무덤이 나란히 있었다. 수맹 오빠가 혼자 아들 노릇, 상주 노릇을 했을 것이다. 우석은 어미, 아비, 수맹 할머이의 무덤에 절하고 수맹 오빠가 썼을 것이 분명한 나무 명패를 천천히 쓰다듬었다.

"아버지이! 할머이이!"

가족을 잃은 우석은 무덤가에 앉아 울었다. 그동안 궁궐에서 속으로 꾹꾹 눌러 놓기만 했던 울음이 울컥울컥 올라와 목을 놓아 한참을 토해 냈다. 실컷 울고 난 우석이 마을로 내려왔다. 천주교도였던 개똥이, 소똥이, 말똥이네 집들이 비어 있었다. 사람 손길이 없으니 냉기가 돌고 집이 무너져 내릴 것 같았다. 하지만 수맹 오빠가 떠난 수맹 할머이 집에는 아직은 온기가 남아 있었다.

우석은 방으로 들어가 수맹 할머이의 대나무 고리에서 『박타기전』을 꺼내 가슴에 품었다. 부엌에 들어서자 수맹 할머이께 언문을 배우고, 수맹 오빠에게 한자를 배우던 어린 시절이 떠올랐다. 우석은 부엌 흙바닥에 쪼그리고 앉아 싸늘하게 식은 아궁이에서 타다 남은 나무를 꺼내 아비와 할머이 이름을 써 보았다. 그리고 수맹 오빠 이름도 써 보았다. 마지막으로 자신의 이름 '이우석'을 써 보았다. 그렇게 자신이 쓴 이름들을 한참이나 들여다보았다. 잠시 후 우석은 오른손 검지를 쭉 폈다. 천천히 손을 내려 흙바닥에 쓰인 '이우석' 위에 글씨를 얹었다.

함께 살았던 이들이 모두 떠난 자리에 서자 아비를 도와 집 짓던 날들이 떠올랐다. 터를 닦고 기둥을 세우고 볏짚과 흙을 개어 벽을 바르던 순간, 지붕을 잇고 구들에 불을 넣던 그 순간, 함께 돕고 함께 기뻐하던 마을 사람들이 그리웠다. 그들 모두가 우석의 가족이었다. 하지만 이제 그들은 모두 죽거나, 죽음을 피해 떠났다. 수맹 오빠마저 흔적 없이 떠난 그 빈 마을에 서서 우석은 자신의 집이 무너지고 고향이 사라졌음을 알았다. 자신이 깊은 담장 안에서 '지존이신 왕과 그의 가족'을 위해 하루하루를 보내는 동안 이렇게 하루아침에 가족을 잃고 돌아갈 집을 잃을 거라고는 상상해 본 적이 없었다.

'왜 이런 일이 생겼을까?'

아무리 생각하고, 또 생각해도 이해가 되지 않았다. 그래도 생각을 멈출 수 없었다. 병인년 새해 초부터 조선을 뒤흔드는 피비린내가 결국 여름에 평양에 진동하고 가을에 이르러 자신의 가족에게까지 닿을 줄이야 누가 알았겠는가? 아비의 집에 들어서자 우석은 그만 아득해졌다. 그날 밤, 아무도 없는 길상촌에 모든 것을 잃은 우석의 애통한 울음소리만 퍼져 나갔다.

왕비의 호위 궁녀, 고대수

애통한 사람은 우석뿐만이 아니었다. 왕비 자영의 삶 또한 순탄치 않았다. 조대비의 수렴청정은 끝났지만, 아직 주상 뒤에는 시아버지 홍선대원군이 있었다. 몰락한 방계 왕손이었던 그는 정조 사후 반세기를 이어 온 안동 김씨의 세도 정치를 끝내고 허수아비가 되어 버린 왕권을 세워야 한다는 의지가 강력했다. 그는 안동 김씨들이 왕좌에 올렸던 철종이 후손 없이 승하하자, 발 빠르게 풍양 조씨인 조대비를 찾아갔다. 구름재동에서 연을 날리며 놀던 자신의 둘째 아들을 조선의 왕으로 세우기 위해서였다.

홍선대원군! 그는 준비되지 않은 왕을 앞세운 국정의

실권자였다. 왕비가 보기에 주상은 창덕궁과 구름재동 사저를 오가는 직통문을 만든 호랑이 아버지 앞에서 그저 무력한 아들일 뿐이었고, 그나마 그에게는 이미 귀애하는 궁녀가 있어 왕비인 자신의 위치가 무색했다. 이런 상태에서 자신의 5대조 고모할머니인 인현왕후가 폐비가 되었던 그 일을 자신이 당하지 않는다는 보장이 있는가?

자영은 인현왕후에 이어 여흥 민씨 가문의 두 번째 왕비가 되었지만, 결코 편안할 수 없는 상황이었다. 왕비 자영의 불안과 고민이 깊어졌다. 하지만 자영이 누구인가? 그녀는 형제 중 유일하게 '살아남은' 자식이었고, 아버지 민치록의 기대와 지원을 한 몸에 받고 자란 당찬 딸이었다. 부친상을 당했을 때, 자영은 문중의 비웃음에도 불구하고 3년 시묘살이를 해냈다. 왕비가 된 자영은 결심했다. 이 상황에 절대로 지지 않겠노라고!

흥선대원군의 섭정은 매우 강력했다. 반세기를 이어온 안동 김씨의 세도 정치는 왕권을 무력화했을뿐더러 관직을 이용해 사욕을 채웠다. 그들의 곳간은 차고 넘쳤고, 나라의 곳간은 비어 갔다. 임진왜란으로 불탄 경복궁을 여태 중건하지 못했던 이유는 나라 재정이 부족한 탓이었다. 극적인 계기로 국정의 실권을 잡은 흥선대원군은 이러한 구조악을 깨고 왕권을 강화하겠다는 강력한 의지를 실행했다.

그는 경복궁을 중건하여 강한 왕권의 상징으로 삼기로 했다. 외침을 당해 불에 탄 채 방치된 경복궁이 그동안 이리 휘둘리고 저리 휘둘려 온 무력한 왕과 같지 않은가? 그런데 의도와 달리 경복궁 중건은 꼬리에 꼬리를 물고 조선 경제에 악영향을 끼쳤다. 경복궁 중건은 막대한 규모의 예산이 필요한 대규모 건축 사업이었다. 하지만 국고가 너무 빈약했다. 그러니 어쩌겠는가? 백성들의 노동을 동원하고 세수를 늘리는 수밖에! 서원 철폐 등으로 특권을 빼앗긴 양반들과 노역에 동원된 백성들의 원성이 높았다.

강화에서 돌아온 후, 우석은 살아도 산 것이 아니었다. 기쁨도 슬픔도 없는 죽은 자의 시간이었다. 진주 항아님이 곁에 있어도 그리 위로가 되지 않았다. 겨울밤 강화섬 갯벌처럼 차갑고 찐득한 어둠이 우석을 감았다. 장통방 약방에도 가고 싶지 않았다. 그래도 수맹 오빠 소식이 궁금할 때 물어볼 곳이라고는 그곳 말고 없었다.

어느 비번 날, 우석이 장통방 나들이를 나섰다. 열여섯 살이나 되었어도 진주 항아님은 여전히 배가 자주 아팠고, 그럴 때마다 우석의 방에 와서 쑥뜸을 떠 달라고 했다. 그러니 쑥을 사러 나설 수밖에! 창덕궁 궐문을 나서니 경복궁 공사장에서 경복궁 짓다가 자신들이 먼저 죽겠다는 소리가 들렸다. 구름재동을 지나니 기와집 굴뚝에 연기가 피어올랐지만, 초가집들이 늘비한 동네에서는 굴뚝에 연기가 안 나는 집이 많았다. 장통방에 이르니 오가는 사람들로 분주한 거리 한편에 죽었는지 살았는지 모를 아이들이 주린 배를 움켜쥐고 모여 있었다. 개천 오간수문 안쪽에는 개천 바닥에서 퍼 올린 흙이 산처럼 쌓여 있었는데, 집 없고 배고픈 거지들이 그곳에 굴을 파고 살았다. 그 거지 굴 아이들이었다.

그날, 우석은 자신이 살아야 할 이유를 찾았다. 자신은 달마다 월봉을 받고, 가을이면 소작농에게 쌀을 받았다. 원래 그것은 가족을 돌보는 데 쓰이던 것들이었다. 우석은 그것으로 거지 굴의 아이들을 먹이고 환자들을 보살폈다. 심한 환자는 심부름꾼을 사서 장통방 약방에 데려가 대치 어른께 보이게 했다. 궁에 갇힌 우석이 할 수 없는 일은 약방에 부탁했다. 대치 어른도 그런 우석에게 힘을 보탰다. 그렇게 먹이고 보살펴도 배고프고 아픈 사람들은 계속 늘어만 갔다.

홍선대원군은 재정 확보를 위해 새로운 화폐 당백전을 만들고 그동안 비밀리에 사용되던 청국 화폐 청전의 사용을 합법화했다. 그러나 모두 실패했다. 실학자 연암 박지원의 손자 박규수 역시 조선 사회의 구조악인 안동 김씨 세도 정치를 개혁하려는 대열에 합류했다. 그것이 조선 개혁의 첫걸음이었다.

철종 때 사절단 부사와 대표로 두 번이나 청나라에 다녀왔던 그는 서양에 침략당한 청나라의 현실과 서양 열강들의 제국주의적 성향을 알고 있었다. 그는 그러한 일들이 조만간 조선에서도 일어날 것으로 예측했기에 대책을 모색하고 실천하지 않을 수 없었다. 이처럼 먼저 알고, 먼저 길을 만들어 가는 사람의 숙명이 있다. 그것은 헌신이었다. 그는 제너럴 셔어먼호 사건 때 평양감사로서 외침을 막아 낸 후 한성판윤이 되었다. 고종 6년(1869년) 기사년이었다.

그해에 고종이 귀애하는 이 씨가 완화군을 낳고 귀인이 되었다. 완화군은 비록 서자였으나 왕의 첫아들이었다. 완화군이 태어나자 왕비의 입지는 더 좁아졌다. 자칫 완화군이 세자로 책봉될 수도 있는 분위기였다. 왕비 자영은 빨리, 반드시 아들을 낳아야만 했다.

그해 조선에는 대기근이 들었다. 농사는 흉년이었고 추수철에는 흙비가 오래 내렸다. 경신년 대기근 때 그랬던 것처럼 함경도 등 북쪽 국경 지역에서는 많은 백성이 살길을 찾아 두만강과 압록강을 건너 간도로 갔다. 전국 각지에 굶어 죽는 사람이 늘어 갔고, 조선의 수도인 한성에도 부모 잃은 고아나 집 없고 배고프며 늙고 병든 사람이 늘어만 갔다.

우석은 가진 것을 도두 내어, 할 수 있는 만큼 이들을 도왔으나 늘 부족했다. 비록 무수리에 불과하지만, 자신은 구중궁궐 깊은 곳에서 먹을 것과 누울 곳을 염려하지 않았다. 그러나 이들은 어찌하여 굶주림에 죽어 가며, 제 몸 하나 누일 곳이 없는가? 우석의 몸은 궐 안에 있으나 마음은 거지 굴에 있었다.

고종 8년(1871년) 신미년 초, 조선 왕실에 큰 경사가 있었다. 왕비 자영의 태에 아이가 들어선 것이다. 마음고생이 극심했던 왕비 자영은 태중의 아기가 아들이기를 하늘에 빌었다. 반드시 왕세자가 될 아들이어야 했다.

"천지신명이시여! 부디 저에게 아들을 주시옵소서! 이 나라 종묘사직을 이어갈 왕이 될 아들을!"

경건한 마음으로 살얼음판을 딛듯이 태교에 전념하던 봄, 나라에 큰 변란이 일어났다. 충청도 해미현 바다에 나타난 미리견국 함대가 북쪽으로 올라와 강화섬을 공격한 것이었다. 제너럴 셔어먼호 사건을 빌미로 조선을 공격한 이들의 목적은 무역 통상 수교, 즉 개항이었다. 강화섬 초지진에 나타난 미리견국과의 싸움은 22일 동안 이어졌다. 광성보까지 밀린 조선군은 350명이 전사할 정도로 치열하게 싸웠으나 패했다. 그러나 미리견국 함대는 원하는 통상 조약을 맺지 못하고 돌아갔다. 흥선대원군은 나라 문을 더 굳게 걸어 잠그고 군비를 강화했다.

우석은 강화에서 벌어진 이 참담한 전투에 혹시 소식이 없는 수맹 오빠가 동원되지는 않았을까 하여 가슴 졸였다. 그럴 때마다 하늘을 올려다보며 기도했다.

"수맹 오빠를 안전하게 지켜 주세요. 서양 오랑캐들은 왜 가만히 있는 우리 조선을 괴롭힙니까? 우리는 다른 나라를 공격하지 않는데 왜? 저 서양 오랑캐 중에는 천주님을 믿는 사람이 많다면서 왜 남의 나라에 와서 사람을 죽이나요? 하늘님! 천주님과 잘 상의하셔서 우리 조선을 지켜 주세요. 먹고 살기도 어렵고, 부모 잃은 고아 거지 아이도 많습니다. 병들고 굶어 죽는 사람이 이렇게 많은데 전쟁까지 나면 어찌합니까?"

강화에서 난리가 지나고 얼마 후, 약방에서 소식이 왔다. 수맹 오빠가 약방에서 일한다는 반가운 소식이었다. 생사를 몰랐던 가족의 소식을 들으니 살 것 같았다. 수맹 오빠도 거지 굴 사람들 돕는 일에 힘을 보태며 우석의 든든한 지원군이 되었다.

그해 겨울, 드디어 조선의 원자가 태어났다. 왕비 자영은 하늘을 얻은 것 같았다. 가슴이 그득하게 차올라 살 것 같았다. 원자를 낳기까지 하루도 편히 자 본 날이 없었다.

'나를 살게 하고, 나를 지켜 줄, 나의 아들!'

세상을 다 얻은 것 같은 왕비의 기쁨은 5일 만에 끝났다. 원자가 항문폐쇄증으로 사망한 것이다. 아들의 죽음을 받아들일 수 없는 왕비의 마음속에 의심이 싹텄다. 시아버지 홍선대원군이 보낸 약 때문인가? 상실감과 슬픔이 클수록, 의심과 불안은 더 깊어졌다.

'이제 어찌한단 말인가?'

이곳에서 살아남으려면 자신을 스스로 지켜야 했다. 왕비 자영은 반드시 다시 원자를 낳고, 자신과 원자를 지킬 것이라고 결심했다. 그러려면 곁에 믿을 만한 사람이 필요했다. 누가 과연 자신을 지켜 줄 믿을 만한 사람인가?

해가 지나 봄이 왔다. 겨우내 몸을 추스른 왕비 자영이 후원으로 산책을 나가는 길이었다. 그때 저 멀리 괴이한 광경이 보였다. 담장 위로 누군가 커다란 항아리를 머리에 이고 가는 것이 아닌가? 그 모습이 마치 천하대장군이 항아리를 이고 가는 것처럼 괴이해 보였다.

"저 자는 누구인가?"

왕비가 묻자, 곁에 있던 김 상궁이 대답했다.

"내전 무수리이옵니다."

"내전 무수리? 여인이란 말인가? 사내라도 조선 땅에 저리 큰 사내는 없을 터인데 하물며 여인이라니! 내 저리 생긴 여인은 처음 보았구나. 그런데 어찌 궁녀가 되었더냐?"

"궁중의 액을 막아 주는 사주를 타고났다 하여 액맥이로 입궁하였는데, 힘이 얼마나 센지 사내 대여섯 명 몫을 혼자 해냅니다. 사내 둘이 귀퉁이를 들어 하나씩 옮기는 쌀가마니를 양쪽 겨드랑이에 하나씩 끼고 한 번에 두 가마씩 옮깁니다."

'오호라! 여인이 어찌 그런 괴력을 가졌단 말인가? 그렇다면 되었구나!'

왕비 자영은 속으로 쾌재를 불렀다. 자영은 우석이 지나간 길을 돌아보며 말했다.

"너는 '고대수'로구나! 과연 '돌아보지 않을 수 없이 괴이한 사람'이로다."

그날 밤 우석은 왕비 자영의 내실에 불려 갔다. 무엇을 어찌해야 한단 말인가? 그 큰 몸을 구부리고 엎드려 벌벌 떠는 우석의 머리 위로 왕비 자영의 지엄한 명령이 떨어졌다.

"이제부터 너는 내 곁에서 나를 지켜야 한다. 알겠느냐? 고대수!"

우석은 한순간에 내전의 괴물 무수리에서 왕비의 호위 궁녀 '고대수'가 되었다. 다음 날, 궐 안에 '고대수'에 대한 소문이 퍼졌다. 궐 안에서 우석을 보는 눈이 달라졌다. 이제는 누구도 대놓고 우석을 피하거나 괴물이라 하지 않았다. 그렇다고 가까이 다가오는 사람도 없었다. 다간 함부로 대했던 괴물 무수리가 이제는 왕비 마마의 호위 궁녀가 되었으니 혹시라도 밉보일까 두려워할 뿐이었다. 왕비 자영은 '고대수'를 총애하여 항상 자신의 곁에 두었다.

개화파 샛별, 옥균

"게 있느냐?"

"예, '고대수' 여기 있사옵니다."

왕비 자영은 사람 부적인 '고대수'를 의지했다. 하루에도 몇 번씩 문밖에 대기 중인 우석을 불렀다. '고대수'라 부르니 그리 대답하면서도 우석은 왕비가 자신을 왜 그리 부르는지 알 수 없었다. 왕비의 호위 궁녀가 되니 몸은 힘들지 않았다. 오히려 무료해서 힘들었다. 궐 밖을 출입할 기회도 없었다. 거지 굴 사람들은 어찌 지내는지, 장통방 약방의 수맹 오빠는 어찌 지내는지, 거지 굴 사람들을 돌보는 일은 꾸준히 잘 되고 있는지 궁금했다. 하지만 갈 수가 없었다.

우석은 쉬는 날에도 쉴 수가 없었다. 수사에 있다가도 왕비가 부르면 가야 했다. 왕비는 특히 한밤중에 '고대수'를 부르는 일이 잦았다. 왕비는 거의 매일 홀로 밤을 보냈다. 길고 긴 밤이었다. 때로 왕비는 소리 죽여 울었다. 자식을 잃은 어미의 울음이 애잔했다. 왕비의 침전에 든 '고대수'는 그저 묵묵히 자식 잃은 어미의 곁을 지킬 뿐이었다. 왕비 자영은 그렇게 슬픔을 흘려 보내고 단단해졌고, '고대수'는 왕비의 특별한 총애를 받는 호위 궁녀로 자리 잡았다.

그해 과거에서 장원 급제한 사람은 22세의 김옥균이었다. 안동 김씨인 옥균은 충청도 공주에서 태어났으나, 어린 시절에 집안 어른인 한성 김병기 댁의 양자가 되어 조선의 명문가들이 모인 북촌에서 성장한 인재였다.

창덕궁 후원 부용정에서 열린 축하연이 제법 어둑한 시간에 끝났다. 왕비는 고대수에게 옥균을 주합루 어수문 앞으로 은밀히 데려오라는 명을 내렸다. 어사화를 꽂은 관모 차림의 옥균은 어둠 속에서 불쑥 나타난 고대수를 보고 놀랐다.

“어이쿠! 뉘신지요?”

우석도 깜짝 놀란 것은 마찬가지였다. 장원 급제한 높은 양반이 자신에게 존대하는 것이 아닌가?

“왕비 마마께서 조용히 뫼셔 오라 하셨습니다.”

그녀는 덜덜 떨리는 목소리로 그리 말하고 먼저 돌아섰다. 옥균도 실은 어둠 속에 나타난 괴이한 모습의 여인에게 매우 놀라 그만 주저앉을 뻔했다. 조선팔도에 저리 큰 사람이, 그것도 여인이 있단 말인가? 하지만 다행히 침착하게 왕비의 부름에 응했다. 우석은 옥균을 왕비 앞에 모셔 드리고 물러났다. 조금 떨어져서 주위를 지키는 것이 임무였다. 옥균이 왕비 앞에 몸을 숙여 예를 갖추었고, 왕비가 옥균을 반기었다.

“그대와 같이 훌륭한 인재가 등용되어 내 마음이 무척 기쁘오.”

“과분한 말씀이옵니다. 하온데…….”

“늦은 시각에 어쩐 일이냐는 말씀이시오?”

옥균이 침묵했다. 잠시 후, 왕비 자영이 어수문을 가리키며 물었다.

"어수문의 뜻을 아시오?"

"임금과 신하는 물고기와 물과 같아서 뗄 수 없다는 뜻으로 아옵니다."

옥균의 대답에 왕비 자영은 옥균의 눈을 똑바로 보았다.

"그런데 공이 보기에…… 지금 조선의 물고기는 누구인 듯하오?"

당황한 옥균이 말을 잇지 못했다.

"주상을 뒷전에 물리고 앞으로 나선 이가 계시질 않소? 신하 된 도리로 이를 보고만 있어서야 될 말이오?"

왕비 자영의 말소리는 낮으나 단호했다. 옥균은 아찔했다. 왕비는 왜 자신에게 이런 말을 할까? 왜? 입을 열지 못하는 옥균을 향해 왕비가 말했다.

"주상과 나를 위해 일해 주시오."

부드럽지만 강한 어조였다. 모든 것이 명확해졌다. 옥균 역시 부드럽지만 강한 어조로 답했다.

"중전마마! 제 비록 보잘것없는 인물이오나, 나라에서 저를 택한 것은 이 나라 종묘사직과 백성들을 위하여 일하라는 뜻으로 알고 있습니다. 그릇된 것이 있다면 바로 잡는 것이 마땅히 제 할 일이겠으나, 사사로이 누구를 위하여 일한다는 것은 피해야 마땅한 관리의 도리일 것입니다."

옥균의 대답에 왕비 자영의 날 선 질문이 이어졌다.

"주상과 나를 위해 일하는 것이 곧 이 나라 종묘사직과 백성을 위한 길이 아니겠소?"

"……."

"그렇지 않소?"

왕비 자영이 채근했다. 그제야 옥균이 입을 열었다.

"하오나, 그 말씀을 어찌하여 이토록 은밀히 하시옵니까? 밝은 날에 다시 한번 물어 주시옵소서."

옥균의 답을 들은 왕비의 얼굴이 하얗게 질렸다. 우석이 얼른 달려가 부축해서 그 자리를 떠났다. 왕비가 떠난 후, 옥균도 서둘러 자리를 벗어났다. 누구도 듣거나 본 자가 없었다.

다음 해 고종 10년(1873년), 고종이 친정에 나섰다. 그는 처족인 여흥 민씨들을 주요 관직에 앉혔다. 자신의 세력을 형성하려는 것이었다. 또 나라 밖 사정을 잘 알고 조선이 나아갈 길을 모색하던 박규수를 우의정에 등용하여, 아버지의 꼭두각시가 아닌 자신의 정치를 펼치려 하였다.

한 해가 지나 왕비 자영은 아들을 낳았다. 이제는 두려울 것이 없었다. 지아비가 조선의 왕으로 전면에 나섰고, 왕비인 자신은 왕세자가 될 아들을 낳았다. 믿을 만한 친정 피붙이들이 주요 관직에 배치되었다. 그리고 자신들의 곁에는 궐 안의 액을 막아 주는 사람 부적 '고대수'가 있으니 든든하기 이를 데 없었다.

하지만 안타깝게도 그러한 날은 길지 않았다. 친정어머니 이 씨와 양오라버니 민승호를 한날 한자리에서 잃은 것이다. 새로운 권력으로 등장한 민승호의 집으로 귀한 선물이 많이 들어왔다. 그들은 집 안방에서 누군가 보낸 선물상자의 자물쇠를 풀다가 폭탄이 터져 즉사했다. 왕비는 이 일로 큰 충격을 받았다. 자신의 첫아들이 사망한 일도 의심스러웠지만 이 일은 분명히 누군가 의도를 갖고 계획한 일이 분명했다.

왕비는 극도로 불안했고, 그럴수록 액을 막아 준다는 사람 부적 '고대수'에게 더욱 의지했다. 우석은 쉬는 날도 바깥출입을 할 수 없어 답답했다. 가끔은 거지 굴 사람들을 살피러 나가고 싶었다. 하지만 갈수록 자신에게 집착하는 왕비도 안쓰러웠다. 왕비이기 이전에 자식을 잃은 어미, 한순간에 어미와 형제를 잃고 귀한 아들까지 또 잃을까 봐 전전긍긍하는 모습이 인간적으로 애처로웠다. 우석은 진심으로 기꺼이 액맥이 부적 '고대수'가 되어 사방이 막힌 그녀 곁을 지켜 주고 싶었다.

그해, 옥균은 정5품 홍문관 교리가 되었다. 홍문관은 궁중의 장서를 관리하고 학술과 왕의 자문에 응하는 기관으로 중요한 자리였고, 옥균은 조선 정계의 차세대 유망주였다. 같은 해 박규수는 우의정을 사직하고 한직으로 물러났다. 조선의 미래를 이끌어 갈 후학을 기르는 것이 시급했기 때문이었다.

고종 6년(1869년), 조선 조정에서 '서계 사건'이 발생하였다. 일본이 메이지 유신 후 조선에 수교를 맺자는 국서를 보냈는데, 조선 조정의 대신들은 그것을 보고 매우 분노했다. 일본이 중국에서만 쓰는 '황제'라는 호칭을 사용했기 때문이었다. 그들은 일본의 수교 제안을 거절하기로 결정했다.

그때 새로운 일본과 수교해야 한다고 주장한 사람이 당시 한성판윤이었던 박규수였다. 연암 박지원의 손자이며 두 번이나 청나라에 다녀오면서 나라 밖 세상의 변화를 직접 목격하였으므로, 오직 청나라만이 황제국이어야 한다는 오래된 관습에 젖은 조정 대신들 앞에서 목소리를 낸 것이다. 그러나 흥선대원군을 비롯한 조선 조정 대신들 그 누구도 그의 말에 귀 기울이려 하지 않았다. 그때 조선의 운명 결정권은 객관적인 사실과 현상을 직접 보지 않고, 알지 못하며, 알려 하지도 않는 사람들이 쥐고 있었다.

박규수는 조만간 조선에 닥칠 것이 분명한 거대한 변화의 물결에 대비할 젊은 세대가 필요하다고 생각했다. 이미 청에서 '동쪽의 도를 중심으로 서양의 기술을 배우자'는 '동도서기'의 양무운동이 일어나는 것을 보았고, 일본은 아예 막부 시대를 정리하고 '입헌군주제'의 근대 국가로 변화하였는데 조선은 어찌할 것인가? 조선도 어서 서양의 발전된 과학 기술을 배워 부국강병을 이뤄야 하지 않겠는가? 동행했던 역관 오경석 또한 마찬가지였다. 그는 청나라를 오가며 『해국도지』, 『영환지략』, 『박물신편』 등 신문물에 관한 책을 조선으로 들여와 관심 있는 사람들에게 제공했다.

박규수는 조선의 미래를 만들어 갈 핵심 인력을 길러 내는 일이 긴급하고 막중한 자신의 마지막 소임이라 여겼다. 그리하여 그는 일부러 한직으로 물러나 조선의 미래를 책임질 젊은 인재들을 불러 모았다. 북촌 박규수의 사랑방! 그곳은 조선 외부의 세상에 대한 지식과 경험을 전수하고 조선의 개화를 준비하는 터전이었다. 그 개화의 터전에 북촌의 명문가 자제들이 모였다. 영민하고 포부가 큰 옥균과 철종의 사위 박영효, 판서 홍순목의 아들 홍영식, 이조참판을 지낸 서상익의 아들 서광범, 그리고 이들과 북촌에서 함께 자란 서재필 등이었다. 그는 이들에게 새로운 세상을 보여 주려 애썼다.

옥균은 스승이 보여 주신 『해국도지』를 읽고 깜짝 놀랐다. 그 책에는 자신이 모르던 방대한 내용이 들어 있었다. 세계는 5개의 대륙과 4개의 대양이 있고 대륙마다 주요 국가들이 있는데, 책에는 그 국가들의 지리와 역사, 정치는 물론 상공업과 종교, 함선, 화약, 망원경, 바다로 침입하는 적을 무찌르는 전법 등 신기한 정보들이 가득했다.

옥균과 친구들은 스승님께 빌린 책을 서로 돌려가며 밤을 새워 읽었다. 그중 으뜸은 옥균이었다. 옥균은 새롭게 알게 된 것을 어떻게 하면 조선에 적용해서 부강한 조선을 만들 수 있을지 깊이 고민했다.

어느 날, 박규수는 제자들에게 희한한 물건을 보여 주었다. 『해국도지』에 있던 각 대륙과 나라들의 지형 그림이 동그란 공에 붙어 있었다. 그런데 신기하게도 그 공은 똑바로 서 있지 않고 비스듬히 기울어져 있었다. 옥균이 여쭈었다.

"스승님. 이것이 무엇입니까?"

"우리가 발 딛고 사는 지구를 본떠서 만들었다 해서 '지구의'라 한다."

스승 박규수는 그렇게 말하고는 지구의를 천천히 돌

리며 말했다.

"오늘날 중국이 어디인가? 어디가 가운데 나라란 말이냐? 이리 돌리면 미리견국이 중국이 되고, 저리 돌리면 조선이 중국이 되지 않느냐? 이렇듯 어떤 나라도 가운데로 오면 중국이 되지 않느냐? 그렇다면 오늘날 어디가 중국이라 할 수 있겠느냐?"

스승이 던진 질문은 옥균의 세상을 깨는 날카로운 창이었다. 그동안 사서삼경을 공부하며 쌓아 올린 옥균의 세상이 와장창 깨졌다.

'어디가 중국이냐고?'

옥균은 스승님이 만드신 지구의를 조심스레 돌려 보았다. 왼쪽으로 천천히, 오른쪽으로 천천히 돌려 보았다. 보아하니 스승님의 말씀이 과연 옳았다. 조선을 중심으로 보면 왼쪽에는 서해가 있고, 서해 건너에는 청나라가 있다. 조선을 중심으로 오른쪽으로 보면 섬나라 일본이 있고, 더 가면 크고 작은 섬나라들이 있고, 그 섬나라들을 더 지나서 한참을 가면 청나라만큼 큰 땅이 있지 않은가? 청나라가 세상의 중심이라던 굳은 믿음이 깨진 것이다.

"아! 여기가 미리견국이군요. 병인년과 신미년에 조선을 침략해서 수교 통상을 하자고 했던!"

옥균의 말에 다른 친구들도 미리견국을 찾아보았다. 그들은 지구의를 천천히 돌려 불국도 찾아보았다. 그들은 한참 동안 스승이 만든 지구의를 돌려 보다가 문득 의문이 들었다.

"그 사람들은 이렇게 넓은 바다를 건너는 배를 어찌 만들었을까요? 조선의 배로는 도저히 못 건너갈 것 같은데 말입니다."

"『해국도지』에 나오는 함선들을 타고 왔을 텐데, 우리도 그런 배를 만드는 기술을 배워야 합니다."

"그렇습니다. 우리도 서양의 과학과 기술을 배워서 부강한 나라를 만들어야지요."

"먼저 지금 우리 조선의 물산 중에 외국에 팔아서 돈을 벌 수 있는 게 무엇이 있을까요?"

"동해 바다에 가득한 고래를 잡아 팔면 어떨까 하오. 저 멀리 영국처럼!"

"옳습니다. 요즘은 일본이 우리 조선의 고래들을 탐낸

다고 합니다. 우리도 어서 움직여야 합니다."

그들의 대화는 밤늦도록 이어졌다. 그 밤, 스승의 사랑방을 나와서도 옥균의 충격은 가시지 않았다.

'이런 것도 모르고! 지금껏 내가 공부한 것은 무엇이란 말인가?'

집으로 돌아오는 길, 옥균의 발걸음이 무거웠다. 관료인 양아버지를 따라 지방에서 살 때, 백성들의 어려운 사정을 보았다. 경신년 대기근으로 아사한 백성들이 얼마나 많았으며, 한성으로 돌아온 후 모진 가뭄이 들었던 기해년은 어땠는가? 그해 가을 추수철에 공주 친가에 갔을 때, 흙비가 내려 부실한 알곡마저 쓸려 내려가지 않았던가? 온몸으로 흙비를 맞으며 쓰러진 벼를 일으켜 세우다가도 쓸려 가는 알곡을 주워 담으려 이리 뛰고 저리 뛰던 사람들을 보지 않았던가? 옥균의 귓가에는 진흙탕에 주저앉아 울부짖던 농민들의 울음소리가 생생했다. 장통방 가는 길에 만났던 백성들 역시 그리 다르지 않았다. 세상 어디에도 부유한 사람이 있고, 가난한 사람이 있을 것이다. 하지만 한양의 오물과 하수가 흐르는 개천 오간수문 거지 굴은 도저히 사람이 산다고 할 수 없었다. 그곳에 이르렀을 때, 옥균은 자신이 입은 비단옷이 부끄러웠다. 자신의 풍요로운 밥상이 부끄러웠다.

'나의 공부는 무엇을 위한 것이었나? 과거에 합격해서 관직에 오르기 위함이었던가? 그렇다면 관직은 무엇인가? 백성들의 울부짖음을 해결하고 백성들이 편안하게 살 수 있도록 돕는 책임을 맡은 것 아닌가? 관직에 있는 사람들은 지금 무엇을 하고 있나?'

박규수의 사랑방에서 옥균의 눈은 점점 깊어졌다. 세계 지도를 보고 생긴 질문에 대한 답을 찾아가려는 옥균의 노력은 낡아빠진 반상의 체계쯤은 훌쩍 뛰어넘어 중인인 장통방 약방 유대치와 역관 오경석을 스승으로 모시는 것으로 이어졌다. 북촌 큰 스승 박규수도 조선에서 구하지 못하는 서책이나 정보를 이들에게서 구했다.

고위 관료였던 양반 박규수와 중인 유대치와 오경석, 그리고 박규수의 사랑방에 모인 옥균과 같은 조선의 차세대 젊은 인재들! 거기에 더하여 아직은 옥균이 알지 못하는 사람들이 새로운 조선을 만들어 갈 동지들이었다. 북촌의 젊은 그들은 마음이 바빴다. 나라 밖 세상을 알면 알수록 하루라도 빨리 조선을 부강하게 만들어야 한다는 사명감에 불타올랐다. 언제까지 청을 황제국으로 모시는 사대국으로 있어야 한단 말인가? 그것은 낡은 생각이었다. 옥균은 적극적으로 동지들을 찾아 나섰다. 작금의 조선이 처한 문제를 해결하고 새로운 조선을 만들어 갈 개화당 동지들이었다.

하루는 옥균이 퇴근 후에 장통방 약방에 갔다. 추운 날이었다. 청나라에 다녀오는 역관 오경석 스승님께 『해국도지』에 나오는 망원경을 구해 달라고 부탁드렸는데, 도착하셨다고 해서 뵈러 가는 길이었다. 약방 동네에 들어서자 역한 시궁창 냄새가 가득했다. 코를 막고 약방에 들어서니 마당이 거지 굴 사람들로 가득 찬 것이 아닌가? 수맹이와 약방 심부름꾼 아이가 마당에 가마솥을 걸어 놓고 국밥을 퍼 주는 중이었다.

"대치 스승님이 이런 일도 하시는구나. 이들에게 약값도 받을 수 없으련만. 참으로 존경스러운 분 아니신가!"

옥균이 왔다는 소식에 약방 주인 유대치가 뒤채로 건

너왔다.

"어서 오십시오. 오 역관은 조금 늦는다고 연락이 왔습니다."

"그러셨군요. 그런데 스승님. 정말 존경스럽습니다. 이렇게 직접 구휼을 하고 계신 줄은 몰랐습니다."

옥균의 말에 유대치는 손을 휘휘 저었다.

"무슨 그런 말씀을…… 내가 하는 일이 아닙니다. 어떤 사람이 나설 수 없다고 부탁해서 대신하는 일인데, 약방 식구들이 좀 보태 가며 합니다."

"아니, 그렇게 훌륭한 사람이 누굽니까?"

"나설 수 없고, 또 나서길 원치 않는 사람이라서 말씀드릴 수가 없습니다."

유대치의 말에 옥균은 더 물어볼 수가 없었다. 그때 뒷마당에서 어느 여인의 목소리가 들렸다.

"애쓰네. 오빠! 미안해. 나도 도와야 하는데……. 얼른 가봐야 해."

"미안하긴! 우리는 네가 시작한 일을 거드는 것뿐인데……. 어디 아픈 데는 없지?"

옥균이 재빠르게 방문을 열었다. 깜짝 놀라 돌아보는 여인은 그때 그 '고대수'가 아닌가? 우석 역시 옥균을 알아보았다. 두 사람의 눈이 딱 마주치자, 우석은 이내 얼굴을 돌리고 뒷문으로 서둘러 빠져나갔다.

"방금 저 여인은 '고대수'가 아닙니까? 그런데 어찌……."

옥균의 말에 유대치가 깜짝 놀랐다.

"저 여인을 아십니까?"

"알다마다요. 궐 사정에 밝은 사람 중 왕비의 총애를 한몸에 받는 호위 궁녀 '고대수'를 모르는 사람이 있을까요?"

"'고대수'라니요? 어째서……."

대치가 묻자 옥균이 대답했다.

"왕비가 '돌아볼 수밖에 없이 괴이하게 큰 사람'이라며 그리 부른답니다. 왕비도 수호지를 읽으셨나 봅니다. 그런데 스승님! 『열하일기』에 청에서 저리 큰 사람을 보았다는 기록이 있지 않습니까? 그리 보면 괴이하달 수는 없지요."

대치는 우석이 자신이 지어 준 좋은 이름 대신 괴이하

다는 별명으로 불리는 것이 좋지 않았다. 그때 역관 오경석이 들어섰다. 세 사람은 오경석이 가져온 망원경으로 여기도 보고 저기도 보았다. 방문을 열고 망원경으로 멀리 있는 남산을 보니 소나무들이 마치 눈앞에 있는 것처럼 보였다. 참으로 신기한 물건이었다.

자리가 끝날 무렵, 옥균이 말했다.

"스승님. 밖의 식사는 다 끝났겠지요? 굶는 사람들 밥 먹이는 일을 시작한 사람이 아까 그 여인 맞지요? 과연 그 여인은 '고대수'가 맞습니다."

대치와 경석이 옥균을 보았다.

"'고대수'는 수호지에 나오는 여걸이지 않습니까? 원래 수호지 여걸 '고대수'는 '약한 사람들을 돌보아 주는 아주머니'이니, 참으로 그 여인에게 걸맞은 별명입니다. 괴이하다니요? 어디서 그런 말도 안 되는……. 하하하."

옥균의 말에 대치도 동의했다.

"과연 그렇습니다. '약한 사람들을 돌보아 주는 힘이 센 여걸, 고대수'라……. 과연 장원 급제한 홍문관 교리이십니다."

옥균은 궁 후원에서 보고 깜짝 놀랐던 7척 장신의 여성, 왕비의 호위 궁녀 '고대수'가 키가 크고 힘만 센 것이 아니라 약한 사람을 돌보는 품 넓은 사람이라는 걸 알았다. 자신은 오간수문 거지 굴을 보고 측은하다는 마음이 들고 자신의 비단옷과 좋은 음식이 부끄럽다는 생각만 했지, 내 것을 내어 구휼하는 데까지는 생각이 미치지 못했다. 옥균은 그런 자신이 또 부끄러웠다. 눈을 뜨니 도처에 스승이 있었다. 그날부터 옥균은 그녀가 시작한 일에 힘을 보태고 벗들에게도 권했다. 그렇게 거지 굴 구휼에 힘을 보태는 이가 늘어 갔다.

4장

왕이 없는
나라

왕이 없는 나라

달빛 고운 밤, 우석은 통명전 뒤뜰에서 진주 나인을 만났다. 인적이 드문 통명전 뒤뜰은 두 사람의 비밀 장소였다. 열아홉의 우석이 만났던 여섯 살 애기항아님이 벌써 관례를 치른 스물셋의 어엿한 나인님이 되었다. 그 세월 서른이 넘은 우석은 진주 나인님의 고운 자태에 감탄했다.

"나날이 고와지시네요. 우리 나인님."

우석의 말에 진주 나인의 얼굴에 그늘이 드리웠다.

"고와지면 뭐 해? 평생 여기서 늙어 갈걸. 휴우~"

진주 나인님이 낮은 한숨을 쉬었다.

"그래도 고우면 좋지요."

"그런가? 내가 고우면 무엇이 좋을까? 부모님께서 보내셔서 궁에 왔지만, 나는 남들처럼 살아 보고 싶어."

"남들처럼요? 어떻게 살고 싶으신데요?"

"평범하게! 궐 밖에 나가 고향 동무들처럼 다정한 서방님을 만나 고운 아이들 낳아 기르면 초가집에 살아도 좋을 것 같아."

우석이 놀라 소리를 낮추고 몸을 가까이 붙여 은밀하게 말했다.

"누가 듣습니다. 관례까지 치른 나인이 어찌 그런 얘기를 하십니까? 이미 주상과 혼인한 몸이신데……."

진주 나인도 몸을 붙여 귓속말을 했다.

"자네, 그거 알아? 저 멀리 어디에 왕이 없는 나라가 있대. 왕이 없으니 우리처럼 왕에게 매인 궁녀도 없겠지?"

깜짝 놀란 우석이 되물었다.

"왕이 없다고요?"

"그렇대. 동쪽 바다 건너 왜나라 건너 끝없는 바다를 한참 가면 있다네. 그런 나라가! 미리견국 말이야. 우리 조선에 쳐들어온 나쁜 서양 오랑캐 나라지만, 왕이 없는 그

나라에는 우리처럼 평생을 이 답답한 궁궐에 갇혀 살다가 죽어서야 나가는 사람들도 없겠지."

등줄기가 섬뜩해진 우석이 무서운 얼굴로 말했다. 그 말이 자신도 모르게 예전 입궁하기 싫다던 자신에게 수맹 할머니가 했던 것처럼, 어찌 자신의 평생이 무명 단색 무수리로 끝나겠냐던 말에 죽을힘을 다해 회초리를 치던 김 상궁처럼 단호했다.

"그런 소리 절대 함부로 하지 마십시오. 큰일 납니다."

우석은 '살고 싶거든!'이라 말하고 싶었지만, 속에 밀어 두었다. 말이란 참으로 조심스러워서 입 밖에 내면 마치 그런 부정한 일이 생기기라도 할 것 같아 두렵기 때문이었다. 두 사람은 주위를 살피며 통명전을 나왔다.

그 밤, '고대수'는 왕비 자영의 침전을 지켰다. 그러나 그녀의 머릿속에서는 진주 나인님의 귓속말이 밤새 맴돌았다.

'왕이 없는 나라? 왕이 없는 나라? 그런 나라가 있다고? 저 동쪽 바다 너머 한참 끝에? 그게 미리견국이라고? 왕이 없으면 나라는 누가 다스린단 말인가?'

그해 가을, 장통방 약방 뒤채에서 대치 어른이 지나가는 말로 물으셨다.

"요즘 궐 안에 별일은 없더냐?"

우석도 지나가는 말처럼 대답했다.

"제가 무엇을 알겠습니까? 그런데 제가 어른께 무엇을 여쭈어도 되겠습니까?"

대치 어른이 우석을 바라보았다. 늘 그러셨듯이 무엇이든, 얼마든지 물어보라는 눈이었다. 우석이 소리 낮춰 입을 열었다.

"어른, 세상에 왕이 없는 나라가 있습니까?"

순간, 대치 어른의 눈빛이 얼음처럼 차가워졌다. 우석은 그 눈빛을 똑바로 마주하며 답을 기다렸다. 대치 어른이 누구신가? 아비의 스승이자 자신에게 '우석'이라는 이름을 지어 주신 분이셨다. 잠시 후, 우석을 바라보던 대치 어른의 눈빛이 스르르 녹았다.

"알고 싶으냐?"

"네, 알고 싶습니다."

"기다리거라."

대치 어른이 일어나 밖으로 나갔다. 우석은 꼼짝하지 않고 기다렸다. 다시 방문이 열렸을 때, 어른은 한 손에 무언가를 들고 계셨다. 누런 종이로 싼 책이었다. 대치 어른이 그 책을 펴서 우석에게 보여 주었다. 양쪽으로 펼쳐진 책에는 그림이 가득했고 그림 안팎으로 한자들이 있었으나, 우석이 읽을 수 있는 한자는 서너 개밖에 없었다. 대치 어른이 그림을 손으로 짚어 가며 알려 주었다.

"이건 지도다. 보아라! 여기가 조선이다. 여기는 청나라고, 여기는 일본이다. 여기 일본을 지나 주~욱 가면 여기, 여기가 미리견국! 네가 물어본 그 나라다."

진주 나인의 말은 사실이었다. 우석은 여쭈었다.

"그 나라는 어찌하여 왕이 없습니까? 왕이 없으면 그 나라는 누가 다스립니까?"

"그 나라는 왕국이 아니라 공화국이라는구나. 공화국의 백성들은 모두 평등하여 백성들이 대표를 뽑는다고 들었다."

"백성들이 대표를 뽑는다고요? 어떻게 그럴 수 있습니까?"

우석은 대치 어른의 말씀을 듣고도 도무지 이해하기 어려웠다. 부모의 부모의 부모 때에도 조선은 왕이 다스리는 나라였다. 그렇지 않은 나라가 있다는 사실을 상상도 할 수 없었다. 그러니 자신이 관의 결정에 따라 궁녀가 되지 않았던가? 관의 명을 어기거나 항의하면 백성들은 관아에 잡혀가 치도곤을 당하고, 높은 자리에 있는 관료들도 어명에 따라 귀양을 가거나 사약을 받거나 죽임을 당했다. 왕과 양반과 높은 분들이 결정하면 일반 백성은 그저 따를 뿐이었다. 우석이 알던 세상은 그런 곳이었다. 그런데 그렇지 않은 다른 세상이 있다니! 백성들이 대표를 뽑는 세상이 있다니! 그렇다면 그 나라의 주인은 누구인가?

충격이었다. 자신이 발 딛고 살던 세상에 쩍쩍 금이 갔다. 우석은 크게 숨을 쉬었다. 울렁거리는 가슴을 달래야 했다. 그리고 대치 어른의 눈을 똑바로 바라보고 소리를 낮춰 여쭈었다.

"조선도 그리될 수 있겠습니까?"

"……."

"조선에 그런 날이 오겠습니까?"

"……."

무거운 물음이었다. 하는 사람도 받는 사람에게도…… 목숨을 건 물음이었다. 대치 어른의 입은 오래도록 열리지 않았다. 오직 그렇게 무거운 물음을 던진 채 자신을 바라보는 우석의 눈을 오래도록 마주 보았다. 그 사이로 말없는 말들이 오갔다. 이번에는 대치 어른이 단전에서 숨을 끌어 올려 한참을 무겁게 내쉬었다. 그리고 소리를 낮추어 천천히 되물으셨다.

"조선이… 그리 되길… 바라느냐?"

"예. 그리 되길 바랍니다."

대치 어른이 몸을 일으켜 시렁에 무심히 올려 있던 약재 바구니를 내렸다. 바구니 안에 마른 약재가 있었다. 마른 약재를 걷어 내고 진귀하게 생긴 물건을 꺼냈다.

"이것을 눈에 대어 보아라. 망원경이라는 것이다."

우석이 그 신기한 물건에 눈에 대어 보니 앞이 뿌옇게 흐려서 아무것도 보이지 않았다.

"이 좁은 방안을 망원경으로 보면 아무것도 보이지 않

는다. 사물의 경계가 보이지 않고 그저 뿌옇고 흐릿할 뿐이다. 너무 가까워서 그렇다. 망원경은 멀리 보는 것이다. 미리견국, 불국, 덕국에서는 멀고 먼 대양을 건널 때 바다 지도와 망원경을 사용한다. 우리 조선도 언젠가는 네가 바라는 대로 되지 않겠느냐? 하지만 그런 날이 한걸음에 오겠느냐? 한밤 자고 나면 뚝딱 오겠느냐?"

"그러면 조선은 지금 무엇을 어떻게 해야 합니까?"

"어허! 그믐달 보자고 초사흗날에 길을 나서겠구나! 너무 서두르지 마라. 한 걸음! 한 걸음씩! 그리 가자꾸나."

그제야 우석은 왕비 자영이 오빠 민승호와 어머니가 폭탄 사건으로 돌아가신 이후 잠을 못 주무시는 것 말고는 별일이 없다고 말했다. 그날 이후, 우석은 대치 어른이 물으시면 궐내 소식을 아는 대로 말씀드렸다. 우석의 말은 옥균에게 전달되었다. 고종의 신임을 받는 조선의 차세대 지도자 옥균은 새로운 조선을 만들어 갈 정치적 동지들을 비밀리에 규합하는 중이었고, 왕비의 호위 궁녀 우석은 그렇게 개화당의 일원이 되었다.

부강한 자주 조선

친정에 나선 고종은 개화에 관심을 두고 두 개의 축을 세웠다. 하나는 처가인 여흥 민씨 세력이었고 또 다른 하나는 개화파였다. 하지만 어느 날부터 한 축이 삐그덕거렸다. 여흥 민씨 가문이 공직에 앉아 사익을 챙기는 새로운 세도 가문으로 등장했고, 그 중심에 왕비가 있었다.

왕비는 민영익의 아버지 민태호나 민겸호 등 고위직에 있는 민씨들이 찾아와 은밀한 이야기를 나눌 때도 호위 궁녀 '고대수'를 물리지 않았다. '고대수'는 눈과 귀가 없는 그림자 호위 궁녀였고, 든든한 부적이기 때문이었다. 왕의 지지를 받은 왕비는 자신을 안전하게 지켜 줄 울타리를 세우는 데 거침없었고, 우석은 그들이 새로운 권력자로서 거침없이 나누는 이야기들이 편치 않았다. 안동 김씨의 세도 정치로 지방관의 수탈과 횡포가 극심해서 백성들이 관아로 쳐들어가는 난리가 일어났던 일이 떠오르기 때문이었다.

한편, 우석에게 '왕이 없는 나라'를 알려 주었던 진주 나인 역시 개화당에 들었다. 두 사람은 개화당원답게 신분 차별 없이 서로에게 존대하였다. 우석은 진주 나인의 방에서 자신이 알지 못했던 바깥세상과 조선에 없는 신기한 물건들을 소개하는 책을 보았다. 한문 책이라 우석이 다 읽을 수 없었지만 진주 나인이 내용을 알려 주어 신기한 세상을 함께 탐험했다. 왕비의 총애를 한 몸에 받는 호위 궁녀 '고대수'와 '궁녀의 꽃' 지밀의 진주 나인은 자신들이 살고 있는 봉건 왕조 너머의 세상을 꿈꾸었다. 두 사람은 같은 꿈을 꾸는 동지로 더 깊이 연결되었다.

고종 12년(1875년) 병자년 가을, 일본 군함 운요호가 강화를 침략하고 국교 수교와 개항을 요구했다. 박규수가 개항을 설득했고 다음 해 홍순목이 협상단 대표를 맡아 조선은 일본과 강화도 조약을 맺고 부산항을 열었다.

이후 순차적으로 인천과 원산도 열기로 했다. 강화도 조약은 조선이 맺은 최초의 근대적 국제 조약이었다. 그러나 아쉽게도 무력에 의한 무관세 불평등 조약이었다.

한 해 뒤, 개화파의 스승 박규수가 눈을 감았다. 그의 역할은 여기까지였다. 이제 그가 뿌린 개화의 씨앗을 싹 틔우고 꽃 피워 좋은 열매를 맺게 할 사람들은 사랑방 제자들을 비롯한 개화당이었다. 이들의 꿈은 '부강한 자주 조선'이었다.

"부강한 자주 조선은 어떤 나라입니까? 안으로는 국가의 기강이 바로 서고, 농업 외에도 상업과 공업이 발전하여 백성들과 나라의 곳간이 넘치는 나라, 신분 차별이 없고 탐관오리가 없어 관민이 소통하고 힘을 모아 함께 좋은 방향으로 나아가는 나라, 좋은 상품을 만들어 커다란 상선에 싣고 세계 각국과 교역하는 나라, 밖으로는 스스로 조선을 지킬 강한 국방력이 있는 나라가 아니겠습니까?"

"그렇습니다. 이러한 조선을 만들려면 가장 먼저 낡은 생각의 틀을 깨야 합니다. 지금 조선이 빨리 깨야 하는 낡은 틀은 '청국에 대한 사대'와 사람이 평등하지 않다는 신분 차별, 그리고 작금의 시대에 맞지 않는 사농공상의 낡은 직업관입니다."

"과연 옳은 말씀입니다. 우리 조선에 시급히 필요한 것은……."

이들은 밤늦도록 새로운 조선을 그리고, 그곳으로 가는 지도를 그렸다. 가장 먼저 필요한 일은 개화된 세상을 직접 알아보고 경험하는 것이었다.

개항 이후, 고종은 두 번에 걸쳐 일본에 수신사를 보내 '보고 듣고 알게 된 모든 것을 빠뜨리지 말고 기록해 오라'고 명령했다. 1차 수신사가 일본에 다녀온 것은 강화도 조약 직후였고, 2차 수신사가 다녀온 것은 그로부터 4년 후였다. 2차 수신사 대표 김홍집은 일본에서 청나라 주일공사관 관리인 황준헌이 쓴 『사의조선책략』을 가져와 고종에게 전했다. 러시아의 남하 정책을 막기 위해 조선은 중국과 가까이하고 일본과 결연을 맺으며 미국과 연결하여 스스로 강해져야 한다는 내용을 다룬 이 책은 고종의 개화 정책에 영향을 주었다.

고종은 개화를 반대하는 영남 유림들의 〈만인소〉에도 불구하고 정치와 군사를 통합한 조선 최초의 근대적 통치 기구 '통리기무아문'을 설치하고, 군사 조직도 개편했다. 구체적으로는 원래 있던 5군영에서 80명을 선별해서 '별기군'을 만들었다. 이들은 구식 군대보다 더 나은 처우를 받았고, 구식 군대가 쓰는 화승총과 달리 일본에서 들여온 최신식 장총으로 일본인 교관에게 훈련받았다.

영은문 옆 모화관 앞 공터가 별기군 훈련장이었다. 별기군의 책임자는 민씨 가문의 총애를 받는 왕비의 조카 민영익이었다. 고종은 민영익에게 통리기무아문 군무사 당상과 별기군의 책임을 맡겼다.

옥균은 조선의 개화를 함께할 사람이라면 누구든지 환영했다. 고종의 충성스러운 환관 유재현은 물론 민영익 또한 마찬가지였다. 함께 힘을 모아 '부강한 자주 조선'으로 나아가려는 것이 옥균의 목표였다. 민영익과 김옥균은 고종의 두터운 신임을 받는 개화 정책의 젊은 대표 주자들이었다.

통리기무아문을 설치하고 별기군을 만든 다음 해인 고

종 18년(1881년) 4월, 왕은 개화를 반대하는 민심을 피해 비밀리에 일본으로 '조사시찰단'을 보냈다. 왕의 심복인 12명의 조사는 근대 국가 일본의 시스템과 운영 방법을 분야별로 나누어 파악해서 보고했다. 이때 옥균의 개화당 동지 홍영식은 일본 육군의 군사 조직을 담당했다.

변화의 바람은 언제나 위험의 내음을 안고 있다. 고종 18년(1881년) 여름, 왕권 찬탈 기도가 있었다. 그 뒤에는 아버지인 홍선대원군이 있었다. 부자 사이는 돌아올 수 없는 다리를 건넜고, 고종은 더욱 적극적으로 개혁 방향을 모색했다.

같은 해 겨울에는 청나라에 영선사를 파견해 신식 무기와 화약을 배우게 했다. 이는 어느 한쪽으로 치우치지 않고 일본과 청나라의 개화 방식과 문물을 모두 파악하려는 의도였다. 영선사들이 청나라를 향해 떠나던 그 겨울, 옥균 또한 일본으로 향했다. 직접 근대 국가 일본의 면모를 알아보기 위해 사재를 팔아 경비를 마련했다.

조선이 근대 국가로 나아가기 위한 개화 정책을 펼치려면 그만큼 자금이 많이 필요했다. 하지만 안타깝게도 국고가 부족했다. 신흥 세도 가문이 된 여흥 민씨들을 중심으로 매관매직이 성행했고, 국고로 들어가야 할 세금은 여흥 민씨 세력가들의 곳간으로 샜다.

강화도 조약에 따라 조선에 들어온 일본인들은 조선의 곡창 지대에서 나는 곡물을 싼값에 사서 배로 실어 가고 신기한 서양의 물건들을 조선에 들여와 팔았다. 일본인들은 기회의 땅을 찾아 조선으로 들어왔다. 농사가 주업인 조선의 백성들은 고향을 떠나 유리걸식하였고, 그 중에는 한성으로 올라와 빈민이 되는 사람들이 많았다. 한성 개천가에는 머리 둘 곳 없고 배고픈 사람들이 나날이 늘어 갔다.

우석에게도 일본인에게 좋은 값으로 땅을 빌려주라는 제안이 들어왔지만 단칼에 거절했다. 있을 수 없는 일이었다. 일본인들이 조선의 쌀을 대량으로 구매해서 일본으로 가져가는 것에 그치지 않고 조선의 농토를 넘보려는 것이 분명했다. 그러나 눈앞의 작은 이익을 취하려 일본인에게 땅을 빌려주는 눈먼 지주들이 있었다.

'무슨 일이 일어나는 것인가?'

우석은 생각했다. 우석과 대치 어른의 약방 식구들, 옥균을 비롯해 거지 굴의 빈민을 돕는 손길이 늘어났지만, 밥 한 끼를 제공하는 것 외에는 달리 해 줄 것이 없었다. 따끈한 국밥 한 그릇이 배고픔을 잠시라도 달래 주겠지만, 근본적인 문제를 해결하지는 못했다. 이들에게는 비바람과 추위를 막아 줄 집이 필요하고, 먹을 것과 먹을 것을 구할 수 있는 일이 필요했다. 그리고 아프면 치료할 수 있어야 했다. 그것이 사람이 살아가는 데 필요한 최소한의 요건이었다. 그래야 그들도 사람답게 살고 가족을 건사할 것 아닌가? 자신의 아비와 어미가 낯선 땅 강화섬에 왔을 때, 비록 작은 초가집 방 한 칸이었으나, 그것을 내어 준 개똥이네가 있어서 비바람을 피할 수 있지 않았는가?

우석은 너무나도 다른 두 세상 사이에서 멀미가 났다. 어찌하여 누구는 제 손 하나 까딱하지 않고 삼시 세끼 호화로운 밥상을 받고 비단 금침에 잠이 드는데, 누구는 버려진 짐승처럼 더러운 길바닥에서 굶어 죽어 가는가? 이 일을 어찌하면 좋은가? 우석은 자신이 할 수 있는 일이 고작 밥 한 끼 제공하는 것뿐이라서 괴로웠다.

우석과 진주 나인은 옥균과 함께 일본에 가고 싶었다. 할 수만 있다면 자신들도 직접 눈으로 보고 생생하게 경험하고 싶었다. 하지만 그럴 수 없는 것이 자신들의 처지였다. 그럼에도 두 사람은 옥균이 경험할 개화된 세상을 함께 상상했다. 그러는 사이에 진주 나인은 우석과 함께 거지 굴 사람들을 먹이고 치료하는 일에 힘을 보탤 나인들을 모아 왔다. 직접 나설 수 없는 나인들은 소문나지 않게 월봉 일부를 모아 약방으로 보냈다. 궐 안에는 우석과 진주 나인에게 다정한 벗이 많아졌다.

한편, 일본으로 출발한 옥균은 나가사키, 고베, 오사카, 교토를 거쳐 다음 해 고종 19년(1882년) 3월에 도쿄에 도착했다. 그 과정에서 옥균은 조선소, 제련소, 탄광, 금광 등을 방문하여 기계를 이용해서 채굴하는 모습, 금속을 가공하는 모습을 보았다. 또 무기를 생산하는 공장과 조폐국을 방문하는 등 근대적 산업 현장을 직접 보았다.

"이들이 이런 세상을 만드는 동안 조선은 문을 닫고 있었구나. 우리도 부지런히 이런 산업 시설을 갖추고 근대화를 해야 한다. 어떻게 하면 그리될 수 있을까? 일본은 어떻게 짧은 시간에 이러한 변화가 가능했을까?"

옥균의 마음이 급해졌다. 자신이 직접 와서 생생하게 본 것이기에 더 큰 충격을 받았다. 그는 도쿄의 개화사상가 후쿠자와 유키치의 집에서 4개월을 머무르며 근대 사상과 근대 국가를 탐색했다.

옥균의 결론은 당시 조선에 봉건적 사대 정치 체계를 깨고 반봉건 자주적인 근대 정치 체계를 세우는 '위로부터의 정치 혁명'이 시급하다는 것이었다. 그것이 가장 빠른 길이었다. 하지만 조선에서 어떻게 해야 그것이 가능할 것인가? 어떻게 하면 오랜 관습에 젖어 있는 조선의 기득권자들에게 조선의 미래인 '부강한 자주 조선'으로 나아가기 위해 기득권을 내려놓도록 설득할 수 있을까?

옥균이 그런 고민을 하며 시모노세키에 이르렀을 때, 조선에서 군란이 일어났다는 소식을 들었다. 임오군란이었다. 옥균은 급히 귀국선에 올랐다.

누가, 왜 지존인가?

임오년의 군란은 선혜청에서 구식 군인들에게 밀린 봉급 가운데 겨우 한 달 분을 주었는데, 쌀겨가 반이나 섞인 쌀을 그나마도 모자라게 준 것이 도화선이 되어 일어났다. 분노한 구식 군인들과 한성의 빈민들이 선혜청 책임자인 민겸호의 집과 서대문 밖에 있는 일본 영사관을 습격하고 궁궐 안까지 몰려갔다. 이들의 분노는 왕비와 개화파를 향했다. 북촌에 있는 개화파 옥균의 집은 불타올랐다. 이들 뒤에는 흥선대원군이 있었다.

분노한 백성들이 돈화문까지 밀고 들어오자, 왕비의 호위 궁녀 '고대수'는 인정전 앞까지 나가 물이 가득 담긴 드므를 들어 던지며 이들을 막았다. 그 사이 궁녀 옷을 입은 왕비는 사인교를 타고 궁궐을 빠져나갔고, '고대수'는 후원 개구멍으로 나와 왕비의 피난길에 합류했다. 여러 날, 여러 곳을 거쳐 왕비 일행은 충주에 이르렀다.

그날 밤, 혼비백산했던 왕비는 방 밖에 있던 '고대수'를 방으로 불러들였다.

"너로 인해 목숨을 구했구나. 고대수! 내 너를 잊지 않으리라. 너에게 무엇을 주면 좋겠느냐?"

"아무것도 원하지 않사옵니다."

왕비가 고마움을 그리 표현했지만, 우석은 정말 그녀에게 바라는 것이 없었다. 백성들을 보살피고 눈물을 닦아 주는 왕비가 되어 달라는 것밖에. 하지만 그 말을 입에 담을 수는 없었다. 왕비는 고개를 조아린 채 말이 없는 '고대수'에게 크게 선심을 내었다. 그녀를 앞으로 다가오라 이르고 손을 잡고 다정하게 말했다.

"내 너를 많이 믿는다. '고대수!' 지금처럼 언제, 어디서나 나를 지켜 다오. 그리하면 언젠가 내 너를 지밀상궁에 임하리라."

그 밤, 자신을 믿고 잠든 왕비를 지키는 우석의 머릿속이 복잡했다. 군란이 일어난 상황을 어찌 이해해야 할까? 개화 정책을 펼치느라 나랏돈을 많이 썼다고 해도 어떻게 월봉을 한 해가 지나도록 주지 않을 수가 있나? 그나마 겨우 한 달 치를 주면서 그런 눈속임을 해서 빼돌리다니 그동안 참아 왔던 분노가 폭발할 만도 했다. 왕십리 군인 마을 아낙네들이 청무밭을 일구어 겨우 입에 풀칠했겠으나, 일 년이 넘게 월봉을 받지 못했다면 쌓아 놓은 것 없는 그들의 살림이 오죽이나 궁핍했을까?

우석은 지존이 계시는 높은 궁궐 문을 밀고 난입하던 백성들의 핏빛 분노와 백성들을 피해 몰래 궁을 빠져나오던 궁녀 복장의 왕비를 생각했다. 내전 왕비의 방에서 듣고 보았던 은밀한 일들이 떠올랐다. 왕비와 민씨 척족들이 어떻게 그들의 곳간을 채우는지 듣고 보지 않았던가? 수라간에서 매일 끼니마다 준비하는 진수성찬이 떠올랐다. 침전 나인들이 쉴 새 없이 손을 놀려 만드는 왕비의 화려한 비단옷이 떠올랐다. 그러다 거지 굴 사람들이 떠올랐다.

'이 사람은 누구인가? 나는 왜 이 사람을 지키는가? 왜

지켜야 하는가?'

왕비는 천대받는 괴물 무수리였던 우석을 무시할 수 없는 왕비의 호위 궁녀, 왕비의 측근으로 만들어 주었다. 그것만으로도 큰 은혜를 입었다고 할 수 있다. 게다가 지금처럼 곁에서 왕비를 지켜 준다면 언젠가 지밀상궁을 시켜 주겠다고 하지 않는가? 언감생심 꿈도 꾸지 못할 일이었다. 지밀상궁은 왕비가 하사하는 최고의 선물일 것이다.

하지만 우석은 그 선물에 관심이 없었다. 지밀상궁 역시 왕가를 위한 존재일 뿐이지 않은가? 우석의 진짜 받고 싶은 선물은 진주 나인과 함께 궁을 나가서 평범한 사람으로 사는 것이었다. '왕이 없는 근대 국가, 부강한 자주 조선'에서 진주 나인에게 좋은 짝을 맺어 주고 아들, 딸 낳고 사는 모습을 지켜 주며 살기를 꿈꾸었다.

그러나 그런 소원은 절대로 입 밖에 낼 수 없었다. 배고픈 백성의 고통을 제 것으로 여기지 않는 왕비, 자신의 이익을 챙기다가 백성에게 쫓겨 목숨이 위태로웠던 왕비가 그 소원을 이해나 하겠는가? 혹시 이해한다고 해도 사람 부적인 자신을 높아줄 리가 있겠는가? 왕비를 지키는 것이 어떤 의미가 있을까? 왕비의 은거지에서 우석은 그런 의문이 들었다.

우석은 그동안 자신이 왕비를 지킨다기보다는 자신에게 의지하는 연약한 사람을 지켜 주려는 마음이 컸다는 것을 알았다. 우석의 눈에 왕비는 자식 잃고 애통한 불면의 밤을 지내던 안쓰러운 어미였고, 한날에 끔찍한 폭발로 어미와 오라비를 잃은 애처로운 여인이었다. 그래서 우석도 기꺼운 마음으로 그 여인이 원하는 역할을 해 주었다.

그러나 그 왕비는 어떠하였던가? 자신의 일족들을 관직에 앉혀 자신의 성을 쌓아 올릴 뿐이었다. 백성들의 삶을 보살피고 피눈물을 닦아 주어야 할 왕비가! 아비는 아비의 역할을 하고 어미는 어미의 역할을 하고 스승은 스승의 역할을 해야 하듯이, 지존은 지존의 역할을 해야 마땅했다.

왕비의 피난처 충주에서 왕비를 지켜 주고 싶었던 우석의 마음은 식어 갔고, 백성의 손에 죽을 뻔했던 왕비는

'고대수'보다 더 강력하게 의지할 존재를 만났다. 환궁은 물론, 환궁할 날짜까지 자신 있게 말하는 충주의 한 무녀에게 마음을 푹 기댄 것이다.

한편, 고종은 흥선대원군에게 군란의 수습을 맡기고 뒤로 물러섰다. 순식간에 조선의 시계는 거꾸로 갔다. 흥선대원군은 분노의 대상인 왕비의 장례식을 치러 성난 민심을 달래고, 고종이 추진했던 개화 정책을 폐지했다. 개화에서 쇄국으로 시계를 되돌리는 것! 그것이 나라를 살리는 길이라고 그는 믿었다.

하지만 그 시간 또한 길지 않았다. 청나라 군사 3,000명이 조선 땅에 들어와 흥선대원군을 청으로 잡아가고, 구식 군인들 마을인 왕십리를 쑥대밭으로 만들어 군란을 진압했다. 왕비와 민씨 척족들이 고종을 통해 청에 파병을 요청한 결과였다.

일본에서 급히 귀국한 옥균은 불타 버린 자신의 집 앞에 섰다. 개화에 대한 구식 군인들의 반감이 이 정도였다니! 그들의 분노를 마주한 옥균의 마음이 무거웠다. 아무리 개화를 반대하는 흥선대원군의 입김이 있었다고 하더라도 가볍게 넘길 일이 아니었다.

그들은 옥균의 적이 아니었다. 그렇다고 별기군을 만들어 신식 군사 훈련을 받게 한 것도 잘못이 아니었다. '부강한 자주 조선'을 만들려면 외세의 침략을 막아 낼 강한 군대와 앞선 과학, 기술을 따라잡을 인재 교육이 필요했다. 또 첫 국제 수교 조약인 강화도 조약으로 인해 발생한 과세 등 불평등 조약의 문제는 일본과 협상을 통해 해결해 나가야 했다. 그러려면 무엇보다 조선 조정이 하나가 되어 똘똘 뭉쳐야 했다. 조정과 백성이 한마음이어야 했다. 그렇게 조선 내부에서 먼저 하나를 이루어야 외국과의 수교와 교역에서 한목소리를 낼 수 있지 않겠는가?

지금 조선에서 가장 중요한 일은 국정의 방향을 '개화'로 정한 고종을 중심으로 왕비의 민씨 척족과 자신의 개화당이 정보를 모으고 뜻을 모으며 힘을 합하는 것이었다. 옥균이 고종의 환관 유재현은 물론 왕비의 조카 민영익과 더불어 개화를 논했던 것은 바로 이런 이유에서였다.

그런데 옥균과 개화당의 믿음과는 달리 신흥 세도 가

문으로 등장한 왕비와 민씨 척족들이 권력으로 사욕을 취해 미래로 나아가려는 조선의 발목을 잡은 것이다. 거기에 조선 후기의 구조악이었던 안동 김씨 세도 정치를 끊어 내고 강력한 쇄국 정책을 펼쳤던 흥선대원군 역시 미래로 나아가려는 조선의 시계를 과거로 돌려놓았다. 옥균은 한때 개화를 함께 논의했으나 사욕을 취하는 왕비나 시대를 읽지 못하면서 끝없이 조선의 미래를 가로막는 흥선대원군이 답답했다.

왕십리 군인 마을을 찾은 옥균은 마을 앞 당나무에 몸을 숨기고 마을을 바라보았다. 마을의 처참함은 이루 말할 수 없었다. 병자년 호란이 이러했을까? 마을 전체가 불에 탔고, 타다 만 잔해 속에 조선군 군모와 살림살이들이 드러났다. 지아비를 잃은 아녀자들이 잔해 더미에 올라서서 쓸만한 것을 찾아 뒤적이는데, 그들 뒤에는 소리 낼 기운도 없는 헐벗은 아이들이 넋이 빠진 채 서 있었다. 그 모습을 보는 옥균의 심장은 활활 타오르는 것 같이 뜨겁고 고통스러웠다.

뜨거운 눈물을 감추려고 고개를 돌리자 저 멀리 긴 칼

을 차고 거만하게 어슬렁거리는 청나라 군사들이 보였다. 그들은 자신들이 저질러 놓은 참혹한 살육의 현장에서 큰 소리로 웃고 떠들며 거침없이 돌아다녔다. 마치 전쟁에서 승리한 자들의 모습이었다. 왕비와 민씨 척족들은 어쩌자고 사리사욕을 챙겨 민심을 잃었으며, 왕은 어쩌자고 조선 땅에 청군을 불러들여 이 사단을 냈는가? 남의 나라 군사를 끌어들여 자신의 군사를 진압하는 어리석은 왕이 어디 있다는 말인가?

'이곳은 조선인가? 청나라인가? 민심을 잃은 왕비와 민씨 척족들의 파행을 하루라도 빨리 막아야 한다. 중요한 것은 어떻게든 텅 빈 국고를 채워 자위권을 갖춘 강한 군대를 양성하여 스스로 지킬 힘을 만들고, 근대화 정책을 펼쳐 나라의 부를 이루는 것이다. 하루라도 빨리! 부강한 자주 조선! 그것만이 조선이 살길이다.'

옥균의 피가 끓고 움켜쥔 두 주먹이 부르르 떨렸다. 그런 옥균의 등 뒤로 해가 졌다. 가난한 조선 백성들의 무너진 초가집 위로 어둠이 내렸다. 옥균은 그 어둠 위에 전깃불로 환한 가로등이 있던 도쿄의 거리와 철도 위를 달리던 기차를 그리며 조선의 미래를 다짐했다. 그리고 돌아가 왕에게 보고할『기화근사』를 쓰기 시작했다.

얼마 후, 왕비가 환궁했다. "왕비를 죽여라!"라고 외치던 백성들을 피해 도망갔던 왕비가 돌아온 것이다. 환궁 날짜를 정확히 맞춘 그 용한 무당과 함께! '고대수'도 함께 돌아왔다. 왕비의 눈에는 자신을 맞이하기 위해 늘어선 환관과 궁녀들, 관료들이 보였다. 단청을 입힌 아름다운 궁궐의 전각들이 보였다. 왕비는 자신이 제자리로 돌아왔음을 실감했다.

'그대로 있구나. 그대로 날 기다리고 있었구나. 내, 다시는 잃지 않을 것이야. 다시는…….'

그 밤, 우석은 통명전 뒷마당에서 진주 나인을 만났다. 오십 일 만이었다. 우석이 왕비와 함께 사라진 후 마음고생이 얼마나 심했는지, 진주 나인의 얼굴이 반쪽이 되었다.

우석과 진주 나인은 이 사태에 대해 분노했다. 조정은 백성들이 문제를 제기할 때, 귀담아듣고 문제를 해결했어야 했다. 왜 그렇게 하지 않는가? 백성들의 삶을 보살펴야 하는 관료들의 부정부패를 왜 해결하지 않는가? 왜 그들은 백성들과 함께 살길을 만들어 가지 않는가? 어떻게 청나라를 끌어들여 조선의 백성들을 해하였는가? 그런 그들이 왜 우리의 '지존'인가? 우리가 그들을 위해 평생 매인 신분으로 목숨을 바쳐야 할 이유가 무엇인가? 우리는 어찌해야 하는가? 두 사람의 한숨에 땅이 꺼졌다. 통명전 밤하늘은 칠흑같이 어두웠다. 달도 별도 보이지 않았다.

나라 밖 세상으로

임오군란이 일어나기 직전, 조선은 청의 주선으로 미리견국과 수교를 맺었다. 청이 조미수교를 주선한 이유는 일본이 강화도 조약에서 조선을 자주국으로 칭하면서 조선에 진출하자 일본을 제어하려는 것이었다. 그러나 임오군란 직후 8월에 대규모 군단을 끌고 조선에 들어온 청은 조선과 '조청상민수륙무역장정'을 맺으면서 조선을 청의 속국으로 못을 박았다.

옥균과 개화당원들은 이에 분노했다. 국제 조약을 맺으면서 조선의 자주권을 인정하지 않고, 그동안 사용하지 않았던 '속국'이라는 표현을 썼기 때문이었다. 이 조약은 '부강한 자주 조선'을 꿈꾸는 이들에게는 받아들일 수 없는 퇴행이었다. 하지만 국정의 주요한 일들을 결정하고 집행하는 내아문을 장악한 민씨 척족들은 그런 청에 사대하며 개화 사업을 추진하고, 그 이권에 개입했다.

동시에 일본은 '제물포 조약'에 따라 조선에 임오군란 때 입은 피해의 보상금으로 55만 엔을 요구하고, 일본공사관을 새로 설치한 후 일본군 200명을 조선에 주둔시켰다. 명분은 자국민의 안전이었으나 조선에 들어온 청을 의식한 것이기도 했다. 임오군란 후 조선 땅에 일본군 200명과 청군 3,000명이 동시에 주둔하는 긴장된 상황이 벌어졌고, 조선은 이 일촉즉발의 상황 속에서 길을 찾아야 했다.

어스름 달빛 아래 통명전 뒤뜰에서 우석과 진주 나인이 만났다.

"도대체 청군과 일군은 언제까지 조선 땅에 있을까요?"

진주 나인이 우석을 잡고 울분을 토했다. 우석도 답답한 속을 털어놓았다.

"그러게 말입니다. 청의 대군 3,000명이 딱 버티고 있으니 일군에게도 나가라고 하기 어려운 것 같습니다. 그런데도 청을 사대하다니! 이제는 사대당이 개화당을 적대하는 것이 큰 문제입니다. 한 마음으로 머리를 맞대고 힘을 모아야 할 때 말입니다."

"옳습니다. 무지한 백성들도 힘을 합해 농사를 짓고 마을 일을 보는데, 학식이 그리 높고 과거에 급제하여 관직에 오른 분들이 왜 사리사욕에 눈이 머는지요. 백성들이 논밭에서 땀 흘리며 일할 때, 그분들은 추위 더위 다 피해 아랫사람들 시중을 받으며 따뜻하고 시원한 곳에서 공부하셨지요. 그분들의 공부는 다 무엇이었을까요?"

"탐심이 배움을 뛰어넘었거나 무지가 그들의 눈을 가리는 것이겠지요. 배운 대로 실행하려 애쓰는 분들도 계시지 않습니까? 우리 개화당 분들처럼요."

우석의 말에 진주 나인이 탄식했다.

"제 말이요. 그러니 개화당을 외면하고 적대하는 사대당이 답답하고 원망스럽습니다."

임오군란 이후 조선의 개화는 두 갈래로 나뉘었다. 황제국인 청나라의 방식과 왕을 상징적 중심으로 삼되 서양식 헌법과 근대적 정치 제도를 적극적으로 취한 일본의 '

입헌군주제' 방식이었다.

사실 옥균은 일본이 동양의 영국이라면 조선은 동양의 불국이 되자는 꿈을 꾸었다. 불국은 미리견국보다 앞서 왕정을 폐지하고 공화국을 만들었던 나라가 아닌가? 하지만 조선은 아직 그러한 때가 아니었다. 개화당원 중에도 영의정의 아들인 홍영식, 철종의 부마인 박영효가 있지 않은가? 그러니 옥균은 일단 조선이 낡고 시대에 뒤떨어진 봉건제 왕정에서 벗어나 '입헌군주국'으로 한 걸음 나아가도록 하는 것을 목표로 하였다.

조선의 재정 문제는 심각했다. 일본으로 보냈던 조사시찰단과 청으로 보냈던 영선사들이 배워 온 근대화 작업을 하는 데 필요한 비용과 일본에 줘야 할 배상금 문제도 해결해야 했다. 청에서 조선 조정의 재정 고문으로 독일 사람 묄렌도르프를 보냈다. 그는 '당오전' 발행을 해결책으로 제시했다. 민씨 사대당은 왕에게 묄렌도르프의 제안을 따르자고 하였으나 왕은 옥균과 상의하라 하였다.

내아문 당상 민영익의 집에서 '당오전' 발행을 두고 토론이 열렸다. 하지만 옥균은 흥선대원군이 발행했던 '당백전'이 일으켰던 부작용을 근거로 반대했다. 근대적 화폐 제도 없이 새 화폐를 발행하는 것은 대안이 될 수 없었다. 옥균의 대안은 일본에서 차관하는 것이었다. 묄렌도르프와 옥균의 의견이 팽팽히 대립했다. 고종은 옥균을 일본에 보내 차관을 타진해 보도록 했다.

그해 여름, 수신사가 일본으로 떠났다. 박영효를 대표로 홍영식, 서광범이 수신사였고, 김옥균과 민영익은 고문으로 함께 갔다. 이들은 모두 젊은 개화파였다. 이들은 일본으로 가는 배 안에서 태극기를 만들었다. 국제 사회의 기준에 맞춰 국제적으로 통용할 수 있는 조선의 국기가 필요하기 때문이었다.

일본은 수신사 일행을 환대했다. 수신사들은 도쿄의 인쇄국을 방문하고, 사진관에서 사진을 찍었다. 이들의 이야기는 일본 신문에 기사화되었다. 일본의 외무대신 이노우에 가오루는 수신사 일행을 친절하게 맞이하고 일본은행에서 17만 엔의 차관을 주선했는데, 옥균에게 고종의 신임장을 가져오면 차관을 더 제공해 주겠다는 약속을 했다. 수신사들은 차관한 17만 엔 중에서 5만 엔을 임오군란 배상금으로 치르고, 나머지 금액 50만 엔의 배상 계획을 협의한 후 귀국했다. 남은 차관 금액 10만 엔은 '게이오의숙'에서 유학 중인 유길준, 서재필 등의 학비로 썼다. 옥균은 일본에 홀로 남아 차관을 빌리기 위해 노력했으나, 고종의 신임장 없이 더 이상은 무리였다.

귀국 후 옥균은 승정원 우부승지를 거쳐 참의교섭통상사무직에 올랐다. 하지만 옥균이 일본에서 차관에 실패하자 청의 비호를 받는 사대당에서 그 책임을 물어 하직을 주장했다. 옥균이 직에서 물러나려 했으나 왕은 옥균의 하직을 만류하고, 대신 '동남제도개척사' 겸 포경사로 겸직하라고 하였다. 옥균은 울릉도에 사람들을 이주시켜 임업과 어업을 발전시키고, 동쪽 바다에서 고래잡이 산업을 일으키려 하였다. 일본이 욕심내는 동해의 고래 어장을 담보로 차관 기회를 만들 생각이었다.

다음 해(고종 20년, 1883년), 조선은 무척이나 바빴다. 새해가 되자마자 민씨 세력과 묄렌도르프가 주도하여 당오전을 발행했고, 봄에는 영선사로 다녀온 이들이 주축이 되어 청의 기술자 4명에게 기술 이전을 받으며 신식 화약과 소총을 만드는 기기창을 설립했다.

옥균의 차관 실패로 조선은 사대당의 기세가 등등하였다. 개화당의 노력을 비웃었고, 옥균이 울릉도와 동해를 일본에 팔아넘기려 한다는 소문도 돌았다. 한편, 개화당인 한성판윤 박영효는 민씨 세력의 견제로 인해 광주 유수로 내려갔는데, 남한산성에서 500명의 신식 군대를 양성한다는 소문이 돌아 민씨 사대당의 입에 오르내렸다. 나라 재정이 어려우나 자주 조선을 위해서는 신식 군대 양성이 시급했다. 박영효 역시 옥균과 같이 사재를 팔아 신식 군대를 훈련시키는 것이었으나, 사대당의 입장에서는 박영효의 뜻을 의심하였다. 조선에 주둔한 청군 3,000명과 조선을 속국으로 일컬으며 내정 간섭을 하는 청에 의지한 사대당의 득세로 일본에 가서 직접 서양식 근대 국가의 실상을 보고 온 개화당원들의 입지는 위축되었다.

그해 여름, 인천 제물포항이 열렸다. 옥균은 마침내 고종의 신임장을 갖고 제물포항에서 배를 타고 일본으로 떠났다. 차관 300만 엔을 반드시 성사시키리라 결심했다. 그 돈은 조선의 군사력을 높이고, 광산을 개발하고, 철도

건설과 금융 시스템을 근대화하는 등 조선의 근대화에 꼭 필요했다.

옥균의 개화당원들은 조선의 미래가 달린 차관 성공을 염원했다. 옥균에게 신임장을 써 준 왕 역시 마찬가지였다. 옥균이 일본으로 떠날 즈음, 민영익은 보빙사 대표로 홍영식, 서광범, 유길준과 함께 미리견국으로 떠났다. 커다란 미리견국 배를 타고 끝없는 대양, 태평양을 처음으로 건너는 낯설고 기나긴 여정이었다. 이 소식을 들은 우석과 진주 나인은 상상의 나래를 펼쳐, 보빙사 일행과 함께 세계 지도 속에 펼쳐진 끝없는 바다를 가르고 나가는 뱃머리에 서 있었다.

박규수, 유대치, 오경석이 길러 낸 북촌의 젊은 관료들이 조선을 대표해서 근대화된 일본과 미리견국의 문물을 직접 체험했다. 그들이 본 세상은 신세계였고, 신기하고 부요하고 휘황찬란한 것을 볼 때마다 자신들의 나라 조선을 떠올리지 않을 수 없었다.

'우리 조선도, 우리 조선도…….'

소리 내어 말하지 않아도 다들 안타깝고 조급하기는

한 가지였다. 그중 으뜸은 포부가 크고 실행력이 강한 옥균이었다. 일본에 도착한 옥균은 왕의 신임장만 가져오면 차관을 제공해 주겠다던 이노우에 가오루를 만났다. 하지만 그는 약속을 지키지 않았다. 이유를 모르니 답답했다. 그동안 자신을 환대했던 일본의 다른 인사들을 만났지만 성과가 없었다. 일본의 입장이 뭔가 달라진 느낌이었다. 아마도 청을 의식해서 그러는 것 같았다. 게다가 묄렌도르프가 조선 주재 일본공사관에 연락해서 옥균이 가지고 간 왕의 신임장이 가짜라고 말했다는 소식도 들렸다.

옥균은 크게 노했다. 청이, 청에 기댄 민씨 세력이 이렇게 조선의 미래를 막아서다니! 언제까지 청에 기대어, 청의 보호를 받으며 살고자 하는가? 개화의 첫 단계는 '자주독립국'이지 않는가? 청과 민씨 세력에게 비분강개한 옥균은 절대 포기하지 않고 반드시 차관을 받아서 조선으로 돌아가리라 비장하게 결심했다.

옥균이 일본에서 고군분투하는 동안 조선에는 늦가을이 찾아왔다. 우석과 진주 나인은 조선 최초의 신문 『한성순보』 창간호가 발행되었다는 소식을 들었다. 박문국이 설치되어 일본인 기사가 와서 신문 인쇄를 도와준다는 말은 들었는데 벌써 신문이 나왔다니 신기했다. 진주 나인이 창간호를 구해 왔는데, 거기에는 커다란 세계 지도가 있었다. 하지만 도든 글이 한자로 되어 있었다. 한자를 아는 사람만 읽을 수 있는 신문이 아닌가? 우석은 이 점이 매우 아쉬웠다.

한편, 고종은 나날이 밤잠을 못 이루고 예민해졌다. 청의 영향력에서 벗어나고 싶었다. 하지만 공격적인 청의 장수 위안스카이에게 기대어 청의 방식으로 천천히 개화하자는 왕비와 민씨 척족, 신하들을 외면할 수 없는 것이 현실이었다. 그렇다고 일본도 온전히 믿을 수는 없었다. 무력을 과시하며 조약을 맺고 조선 땅에 군대를 끌어들이고 이런저런 이유로 배상금을 강요하지 않는가? 겉으로는 위하는 척해도 사실은 모두가 자국의 이익을 꾀하는 것이다. 자칫, 조선 땅에서 청과 일본이 부딪히는 불상사가 생기지 않도록 조심해야 했다.

'조선은 앞으로 어디로, 어떻게 가야 하는가?'

잔뜩 흐리고 안개 자욱한 날에 보이지 않는 길을 찾아 한 걸음, 한 걸음씩 발을 내딛는 느낌이었다. 안개 속 보이지 않는 구렁텅이에 빠지지 않으려면 지혜가 필요했다.

이런저런 생각으로 밤낮이 바뀐 왕을 위해 왕비는 밤에 자주 연회를 열었다. 왕비로서는 왕의 근심을 덜어 주고 위로해 주는 것이 조선을 지키는 일이었다. 궐 밖에는 백성들의 한숨 소리 드높고, 궐 안에는 굿 소리와 먹고 마시는 연회 소리가 드높았다. 그런 왕비를 지켜야 하는 호위 궁녀 우석의 괴로움은 커져만 갔다. 그렇게 바빴던 조선의 한 해, 고종 20년(1883년)이 갔다. 세상 밖으로 보낸 믿을 만한 두 젊은 신하, 옥균과 영익은 아직 돌아오지 않았다.

할 수 있는 방법으로

해가 지나 오월이 되었다. 왕명을 받고 차관 300만 엔을 빌리러 일본에 갔던 옥균이 1년 만에 빈손으로 돌아왔다는 소식이 궐내에 돌았다. 옥균의 일을 방해한 사람이 묄렌도르프라는 사실도 개화당원들 사이에 돌았다. 우석과 진주 나인은 옥균을 대하는 일본의 입장이 예전과 같지 않았다는 소문에 마음이 아팠다. 일본이 근대 국가가 되었다고는 하지만 아직 청나라의 힘을 무시할 수 없었을 것이다. 게다가 임오군란 후 조선 조정에서는 청나라에 기대는 사대당이 득세하여 개화당을 밀어내는 형국을 보이고 있으니 일본도 조심스러울 것이라는 생각이 들었다.

"그래도 그렇지. 어째서 일본 공사는 청나라에서 보낸 목인덕(묄렌도르프)의 말을 믿고 그리 할 수 있단 말입니까?"

진주 나인이 펄펄 뛰었다. 우석은 옥균이 일본에서 일 년 동안이나 버티면서 나라를 위해 차관을 빌리려고 전전긍긍했을 것을 생각하니 애달프고 안쓰러웠다. 옥균을 비롯한 개화당원들 대부분은 조선의 명문가 자제들로, 이미 높은 벼슬에 오른 사람들이었다. 그들이 나랏일을 외면하고 편하게 살자고 한다면 왜 사재를 팔아 일본에 가고, 나라가 하지 못하는 신식 군사 양성을 하겠는가? 우석은 지금 조선에서 많은 것을 누릴 수 있는 젊은 그들이 밀려오는 외세 앞에 풍전등화 같은 조선의 미래를 만들어 가기 위해 이리 뛰고 저리 뛰는 것이 고마웠다. 자신들의 특권을 내려놓고 더 나은 조선으로 가자는 그들의 진심을 귀히 여겼다.

그런데 사욕만을 채우는 사대당이 그들의 노력을 방해하는 현실이 분하고 슬프고 답답했다. 그들은 왜 외침의 위협 앞에서 내부의 단합을 꾀하지 않는가? 함께 개화를 논했던 민씨 척족들이 사욕을 채우지 않고 공과 사를 가려 나랏일에 임했다면 임오군란도 없었을 것이고, 청의 군대가 와서 조선의 백성들을 해치는 일도 없었을 것 아닌가? 우석과 진주 나인은 임오군란 이후 조선 땅에 일본과 청나라 군대가 총칼을 번쩍이며 진을 친 현실과 조선을 속국으로 공언하는 청나라에 기대는 사대당의 행태에 울분을 토했다.

그러나 궐 안에서 울분만 토할 수는 없는 일이었다. 쉬는 날, 우석과 진주 나인은 함께 거지 굴 구휼에 나섰다. 나인 중에는 쉬는 날에 놀이패를 불러 나들이를 가는 이들도 있었다. 하지만 진주 나인은 그런 나들이에 전혀 관심이 없었다. 배고픈 사람들이 더 늘어나서 수맹 오빠와 심부름하는 아이만으로는 감당할 수 없다는 걸 잘 알기에 우석과 함께 장통방 약방으로 갔다. 우석과 진주 나인, 수맹 오빠와 심부름 아이가 솥을 하나씩 담당했다. 국밥을 퍼 주고 퍼 주어도 기다리는 줄이 좀처럼 줄지 않았다.

"약방 어른이 많이 보태시나 봅니다. 우리가 보내는 돈으로는 이렇게 많은 사람을 먹이지 못할 텐데요."

긴 줄이 다 끝나고 가마솥도 바닥이 나자 진주 나인이 마루에 걸터앉으며 말했다. 우석과 수맹 오빠가 웃었다. 함께 개화당원이 되면서 진주 나인은 우석에게 말을 높였다. 개화당은 신분을 차별하지 않으니 서로 존대를 해야 한다는 것이었다.

수맹 오빠가 약방 식구들 말고도 이 일에 돈을 보태는 사람이 많다고 했다. 우석과 진주 나인은 좋아서 박수를 쳤다. 누군지는 몰라도 같은 마음을 가진 사람이 많다는 것이 고마웠다. 우석과 진주 나인이 궐로 돌아갈 준비를 하는데 수맹 오빠가 『한성순보』를 내밀었다. 순보도 벌써 26호째였다. 수맹 오빠와 진주 나인도 서로 존대를 했다.

"여기 '치도략론'을 읽어 보십시오."

"예, 그리하겠습니다."

우석과 진주 나인은 궁으로 돌아와 『한성순보』에 실린 '치도략론'을 읽었다. 옥균이 일본의 정비된 도시와 도로를 보고 쓴 내용이었다. 온통 한문이라 우석은 다 읽을 수 없으니 모르는 부분은 진주 나인이 뜻을 풀어서 읽어 주었다. 두 사람은 틈날 때마다 『한성순보』를 구해서 돌려 읽었다. 두 사람은 한성에 '도로'라는 것이 만들어지고, 그 위를 가마가 아닌 쇠바퀴 달린 차가 달린다는 상상을 하며 즐거웠다.

하지만 읽어도 모르는 것도 있었다. 옥균의 '회사설'은 읽어도 무슨 말인지 알 수 없었다. 조선에서는 한 사람이 물건을 만들어서 혼자 내다 팔지만, 일본에서는 사람들이 모여 '회사'라는 것을 만들어서 함께 일한다는 것이다. 여럿이 함께 일하면 물건을 더 많이 만들 수 있고, 그래서 더 많은 이문을 남길 수 있다고 했다. 하지만 우석과 진주 나인은 누군가 그렇게 하는 것을 본 적이 없으니 그저 '울력'과 '보부상'을 떠올릴 뿐이었다.

"전부터 생각했는데 박문국에서는 왜 한자로만 된 책이나 순보를 낼까요? 언문으로 쓰면 더 많은 사람이 이런 내용을 알 수 있을 텐데 말입니다."

우석의 말에 진주 나인이 대답했다.

"그러게 말입니다. 우리가 이런 내용을 언문으로 풀어 쓰면 박문국에서 책을 만들어 줄까요?"

"우선 우리가 힘을 합해 언문으로 바꿔 봅시다. 나인님이 한자를 풀면 제가 언문으로 쓰지요."

"그렇게 해 볼까요? 우리?"

그날부터 틈이 날 때마다 우석은 진주 나인과 만나 『치도략론』을 언문으로 풀어 무명천 위에 썼다. 두 사람은 자신들이 할 수 있는 방법으로 자신들이 원하는 세상을 만드는 데 조금이라도 기여하고 싶었다. 거지 굴 구휼처럼 한문으로 된 옥균의 글을 언문으로 푸는 일도 자신들이 할 수 있는 기여의 방법이었다.

오랫동안 책이나 문서, 정보는 상위 계층의 독점물이었다. 문자를 읽거나 쓸 수 없는 사람들은 그러한 것들을 볼 기회도 없었지만, 보더라도 무슨 내용인지 알지 못했다. 하지만 근대 국가는 발전한 인쇄술을 이용하여 정보를 출판, 특히 신문을 통해 대중에게 알렸다. 조선 밖의 근대화된 신문물을 직접 보고 온 젊은 개화파들은 자신들이 보고 온 내용과 조선에 접목할 수 있는 것들을 신문에 기고하거나 책으로 펴내 널리 알렸다. 이러한 책과 기고문이 실린 신문은 인기가 많았다.

수구당은 이런 개화당의 활동을 싫어했다. 이들의 책

과 기고문이 널리 읽힐수록 서양식 개화사상도 널리 퍼졌기 때문이었다. 그러나 수구당이 원하는 바와 달리 우석과 진주 나인은 자신들이 언문으로 옮긴 글의 내용이 평범한 백성들에게 널리 널리 알려지기를 바랐다. 민들레 홀씨처럼 날아가 조선 팔도에 퍼지기를 바랐다.

그즈음 왕비는 전처럼 '고대수'를 많이 찾지 않았다. 환궁할 때 함께 온 무녀에게 '진령군'이라는 칭호를 내릴 만큼 푹 빠진 까닭이었다. 왕비는 왕과 세자의 안위를 염려했다. 그럴 때마다 진령군을 찾아 방도를 구했고, 하라는 대로 제를 올리고 굿을 했다.

왕은 옥균의 손에 신임장을 들려 보내 남의 나라에서 빚을 얻어 오라고 하는 상황이었으나, 왕비는 이를 아랑곳하지 않았다. 왕비는 왕가의 안위보다 더 중요한 일은 없었다. 그녀에게는 왕가가 곧 조선이었다.

궐 밖에서는 청나라와 일본의 군대가 총칼을 찬 채 신경전을 벌이고, 굶주린 백성들이 늘어만 갔다. 하지만 궐 안에서는 진령군의 무령 소리가 쉬지 않고 울렸고, 굿상의 제물은 하나같이 가장 좋은 것들이었다. 우석은 한껏 겸손한 자세로 머리를 조아린 왕비를 호위하면서 생각했다.

'저들의 기도는 누구를 향한 것인가? 저 굿상의 제물은 누구를 위한 음식인가? 하늘을 우러러 기도하던 수맹 할머이나 천주님을 믿는 개똥이네, 소똥이네, 말똥이네 아주머니들은 저리 요란하지 않았다. 그저 첫 새벽, 정갈한 첫 물이면 되었다. 그마저 없을 때는 빈손으로 기도해도 되었다. 어쩌면 그들의 진짜 기도는 힘이 닿는 만큼 아픈 사람 있으면 챙겨 주고, 굶는 사람 있으면 자기 먹을 것을 나눠 먹는 것이었을 것이다. 강화섬 길상촌 사람들은 그렇게 서로를 돌보며 보릿고개를 넘지 않았는가? 강화섬 길상촌에서는 사람들끼리 서로의 목숨을 살리는 신이 되어 주었다. 그런데 저들의 신앙은 어찌 저리 이기적인가? 평범한 백성들도 서로 자기가 가진 것을 내놓아 서로를 보살피는데, 왕비는 왜 굶어 죽는 사람들을 외면하고 진수성찬으로 신을 모시는가?'

우석은 조선의 왕비가 그런 신에게 머리를 조아려 운명을 맡기는 걸 이해할 수 없었다. 그들은 조선 백성의 운명을 책임지는 자들이 아닌가? 관료와 군인들 월봉도 못 주고 백성들 구휼도 못 하면서, 나라 살림을 저리 해서 되겠는가? 아무리 배고파도 봄에 심을 씨앗은 남겨 두는 법인데 왕비에게는 내년 봄이 없는 것 같았다. 이러다 궁녀들 월봉도 못 주는 날이 오지 않을까? 그러면 어쩌지? 그 월봉을 기다리는 목숨이 너무 많은데…….

궁녀는 들어도 듣지 못하고, 봐도 보지 못하며, 알아도 말할 수 없어야 했다. 하지만 우석은 들리고, 보이는 것을 말하고 싶었다.

'왕비 마마! 어찌 이리하시옵니까? 부디 굿판을 멈추시고 배고픈 백성을 돌보소서!'

이렇게 말하고 싶었다. 하지만 궁녀는 그렇게 할 수 없었다. 조선 왕조의 법도에 없는 일이었다.

왕비가 하사한 선물

답답함이 쌓여 명치 끝이 아플 때, 우석은 폐허가 된 왕십리 군인 마을에 가서 아낙네들을 도와 청무밭에 씨를 뿌리거나 무를 뽑았다. 잘 자란 무를 장에 내다 팔 수 있도록 옮겨 주었다. 자신이 할 수 있는 거라고는 그것뿐이었다. 몸이라도 쓰면 답답한 마음이 조금 가셨다.

어느 날, 청무밭에서 무를 잔뜩 뽑아 옮기던 우석의 몸이 기우뚱했다. 발을 디디려는데 발밑에 작은 새 한 마리가 죽어 있는 것이 아닌가? 이를 피하려던 우석은 그만 균형을 잃고 양팔 가득 안고 있던 청무들을 와르르 쏟았다. 아구구구! 쏟아진 무들이 누군가의 발등 위로 떨어졌다. 우석이 얼른 일어나서 발등에 쌓인 무를 걷어 냈다. 남자의 발이었다. 우석은 너무 놀라 발 주인의 얼굴을 보았다. 자신을 보며 웃는 사람은 옥균이었다.

"앗, 죄송합니다."

"아닙니다. 괜찮습니다."

우석은 깜짝 놀랐다. 옥균이 또 존대하는 것이 아닌가? 아무리 개화당원 사이에 신분 차별이 없다고 해도 옥균은 왕을 직접 배알하고 나랏일을 하는 고위 관료였다. 옥균의 존대는 어려운 것이 사실이었다. 그래도 개화당에 가입하여 비밀리에라도 이런 세상에서 사나 싶었다.

"안녕하셨습니까? 고대수 님. 여기서도 뵙습니다."

사람 좋은 옥균이 웃으며 먼저 인사를 건넸다. 하지만 우석은 그 인사에 실망했다. 개화당 옥균조차도 왕비처럼 나를 '고대수'라고 하며 조롱한단 말인가? 그러려면 차라리 존대하지 말든지……. 신분 차별을 안 한다더니 생김새를 두고 차별할 줄이야!

"'약한 사람을 돌보아 주는 품이 큰 아주머니, 고대수'가 아니십니까? 저는 그리 알고 있습니다. 하하하."

옥균이 웃으며 말했다. 그제야 우석은 고깝게 들었던

귀를 씻어 내고 웃으며 응답했다.

"아닙니다. 그런 뜻이라 하시니 부끄럽습니다. 제가 잠시 오해를 했습니다. 순보에 쓰신 글 잘 보았습니다. 그런데 한 가지 여쭤볼 것은……."

우석은 옥균에게 '회사'에 관해 물었고, 옥균은 일본에서 견학했던 회사가 어떤 것인지 이야기했다. 우석은 옥균을 만나 직접 궁금한 내용을 알게 되어 좋았다. 옥균 역시 이리 먼저 물어 주는 사람을 만나서 이야기를 하니 속이 시원했다.

두 사람은 우석이 밟을 뻔한 작은 새를 다른 곳에 옮겨 묻어 주었다. 왕십리 청무밭에 해가 저물었다. 양화진 잠두봉 해넘이처럼 분홍 띠가 다홍치마처럼 넓게 퍼져 갔다. 그 고운 해넘이를 배경으로 우석과 옥균이 서로 마주보며 웃었다.

'일본 가셨던 일…… 너무 실망하지 마십시오. 얼마나 마음 졸이고 애쓰셨습니까? 또 길이 있지 않겠습니까?'

우석의 눈이 말했고, 옥균의 눈이 답했다.

'그렇겠지요? 길이 있겠지요? 반드시?'

며칠 후, 후원에서 밤늦게 연회가 열렸다. 우울한 왕을 즐겁게 해 주려고 왕비가 벌인 연회였다. 고종이 총애하는 김옥균과 민영익도 참석한다는 소리를 들었으나 우석은 쉬는 날이라서 일찍 잠들었다. 어느덧 마흔한 살이나 되었으니 아무리 튼튼한 우석이라 해도 몸이 곤할 때가 있었다. 그런데 한밤중에 누군가가 방문을 두드렸다. 왕비의 부름이었다. 우석이 깜짝 놀라 후원으로 급히 가니 그곳에 모래판이 있고, 웃통을 벗은 씨름꾼이 서 있었다.

"어서 한 번 붙어 보아라! 사내 대여섯을 이기고, 드무를 들어 던진 '고대수'가 아니더냐! 주상 전하께 '고대수', 너의 괴력을 보여 드려라!"

왕이 불편한 듯 고개를 돌렸다. 아무리 나이 들고 키가 크고 힘이 세어도 여인이 아니던가? 맨몸의 사내와 씨름을 하라니 무슨 해괴한 일인가? 그러나 왕비는 우석을 재촉했다.

"어허! 무엇을 하는 게냐? 주상 전하 앞에서……. 어서 시작하라!"

왕비의 눈짓에 궁녀들이 우르르 몰려와 우석을 모래밭

안으로 밀었다. 당황한 우석이 밀려서 모래밭에 섰다. 웃통을 벗은 근육질의 씨름꾼과 바지랑대처럼 커다란 7척 장신의 우석이 마주 섰다. 무겁게 내려앉은 왕의 기분을 가볍게 풀어 주려는 것인지 왕비 자영이 큰 소리로 웃었다. 그러자 궁녀들도 따라 웃었다.

"너도 여인이라고 부끄럼을 타는 것이냐? 가당치도 않구나! 명을 어길 셈이냐? 어서 시작하지 못하겠느냐?"

웃통 벗은 씨름꾼이 먼저 달려들었다. 우석은 상대의 맨몸에 닿지 않으려 했으나 그럴수록 더 웃음거리가 되었다. 빨리 끝내는 게 나았다. 결국 우석은 그의 샅바를 바짝 끌어당기고 다리를 걸어 모래판에 그를 메다꽂았다.

와아! 함성이 터졌다. 그러나 우석은 하나도 즐겁지 않았다. 왕도 즐겁지 않았다. 오히려 왕비를 보는 눈이 서늘해졌다. 우석은 자다 말고 끌려 나와 공개적으로 웃음거리가 된 자신을 보았다. 자신을 보고 박장대소하는 왕비가 낯설었다. 그제야 눈물을 참느라 입술을 깨문 진주 나인이 보였다. 그리고 자신을 보는 옥균도 보였다. 허공에서 세 사람의 눈빛이 만났다. 모두 참담한 눈빛이었다.

숙소로 돌아온 우석은 그대로 잠이 들었다. 꿈속으로 들어가 깨고 싶지 않았다. 그대로 죽고만 싶었다. 하지만 그럴 수 없었다. 내일 아침이면 아무렇지도 않은 듯 왕비의 곁을 지켜야 했다. 그것이 왕비의 호위 궁녀 '고대수'의 삶이었다.

다음 날, 진주 나인이 보이지 않았다. 우석의 귀에 어젯밤 진주 나인이 승은을 입었다는 소리가 들렸다. 좋은 서방님을 만나 아이들을 낳고 소박하게 살고 싶다던 진주 나인의 말이 떠올랐다. 승은을 입은 것은 결단코 진주 나인의 뜻이 아니었다. 하지만 왕비는 승은을 입은 나인을 용납하지 않을 것이 뻔했다. 이미 그렇게 죽어 나간 나인이 있었다. 우석은 왕비 앞에 무릎을 꿇었다.

"왕비 마마, 지난번 충주에서 소원을 올리라 하셨습니다. 이제 말씀을 올려도 되겠습니까?"

우석의 말에 왕비가 대답했다.

"그래. 어떤 소원이더냐?"

"아뢰옵기 황송하오나……."

우석은 진주 나인의 목숨을 청했고, 왕비는 펄펄 뛰었

다. 우석은 왕비의 기운이 빠질 때까지 그 앞에 엎드려 간절히 청했다. 하지만 끝내 진주 나인의 목숨을 구하지 못했다. 다만 우석의 목숨은 살려 주겠다고 했다. 그것이 왕비가 하사한 선물이었다. 우석의 목숨은 하늘이 주셨건만 왕비는 그것을 거둘 권리를 가졌고, 심지어 거둘 권리를 내려놓은 것이 선물이 되었다. 진주 나인은 승은을 거절할 권리가 없었으나 왕비는 승은 입은 나인을 죽일 권리가 있고, 왕은 왕비의 서슬을 이기지 못했다.

우석과 진주 나인은 '왕이 없는 세상'을 꿈꾸었으나 그 세상이 아직 오지 않아 진주 나인이 죽임을 당했다. 이 말도 안 되는 세상을 언제까지 살아야 하나? 우석을 버텨 주던 기둥이 와르르 무너졌다. 밤이 깊어 세상이 모두 잠들었을 때, 우석이 진주 나인의 시신을 수구문 밖 버티고개에 묻고, 자신의 마음에도 묻었다. 마음 깊은 곳 얼굴도 보지 못한 어미 곁에, 아비 이 서방과 수맹 할머이 곁에 함께 묻었다. 그리고 말을 잃었다. 진주 나인의 죽음을 막지 못한 자책감과 무력감에 빠졌다. 살고 싶지 않았다.

하지만 왕비의 눈에는 그런 우석이 보이지 않았다. 그

녀는 왕과 왕세자가 될 자신의 아들, 그리고 왕비 자신을 위한 굿판에 '고대수'를 세웠다. 궁중 액맥이이니 굿판에서 모든 액은 '고대수'에게 가고, 자신들에게는 오지 말라는 뜻이었다. 왕가의 앞날이 곧 조선의 앞날이라는 왕비 자영의 믿음은 굳건했다. 그래서 항상 명분은 '국태민안(國泰民安)'이었다. '진령군'은 또 하나의 세력이 되었다. 왕비는 진령군의 말에 따라 움직였고, 진령군 주위에는 그 권세에 기대어 이득을 보려는 자들이 몰려들었다. 세상이 아는 것을 왕비만 알려고 하지 않았다.

진주 나인의 죽음은 장통방 약방과 거지 굴에 알려졌다. 울분이 터졌다. 진주 나인의 죽음을 슬퍼하는 사람들이 또 있었다. 무수리 양순과 진주 나인의 동료들이었다. 이들이 우석을 돌보았다. 우석을 두려워하지 않고 다가와 열이 펄펄 끓는 머리에 물수건을 얹어 주었다. 그리고 진주 나인이 그랬던 것처럼 구휼에 힘을 보탰다. 그녀들은 쉬는 날 돌아가며 거지 굴과 왕십리에 가서 도움이 필요한 사람들을 돌보았다. 이들과 함께 우석은 조금씩 기운을 차려 무너진 무릎을 다시 일으켜 세웠다.

폭풍 전야

미리견국에 보빙사로 갔던 민영익이 유럽까지 세계 일주를 하고 조선으로 돌아왔다. 영익은 조선인 중에서 처음으로 세계 일주를 한 사람이었다. 함께 갔던 유길준은 미리견국에 남아 공부를 시작했다고 했다. 우석은 자신이 가 보고 싶었던 미리견국을 넘어 더, 더, 더 먼 불국과 영국 같은 나라들까지 가 보았다는 민영익의 이야기가 궁금했다.

마침, 우석이 왕비의 침전을 지키는데 민영익이 찾아왔다. 혹시라도 영익이 세계 일주를 한 이야기를 할까 싶었다. 그런데 들려오는 소리가 이상했다.

"옥균에게 차관 도입 실패의 책임을 어찌 물으면 좋겠느냐?"

왕비가 그리 물었다. 두 사람은 옥균에 대한 이야기를 나누었다.

"목숨으로 책임지게 해야 한다."

왕비가 이리 의견을 내자 민영익이 반대했다.

"그렇게까지 하시면 안 될 일입니다. 다만 이리 하심이……."

우석은 이 얘기를 약방에 전했다. 실제로 옥균을 벌하라는 상소가 올라가고 자객이 나타나기도 했다. 왕은 차관 도입에 실패한 옥균에게 거리를 두었고, 사대당은 개화당 박영효가 집을 팔아 훈련시켰던 남한산성 신식 군대를 인수하였고, 박영효는 광주유수에서 파직당했다. 갑신년 그해 옥균이 그런 상황에서 기대했던 것은 세계 일주를 하고 돌아올 영익이었다. 그는 자신이 가 보지 못한 미리견국과 영국과 불국까지 다 보고 오지 않겠는가? 조선에서 가장 넓은 세상을 보고 오는 영익은 분명 그 세상을 보지 못한 사대당 무리와 다른 판단을 할 것이다. 옥균은 그리 믿었다. 그러나 영익은 옥균의 믿음과는 다른 선택을 하였다. 그는 조선으로 돌아오면서 한탄했다.

"나는 광명을 보았다. 그러나 이제 다시 어둠 속으로 들어간다."

그 넓은 세상을 보고 온 영익은 왕비와 더불어 민씨 사대당의 대표 주자가 되어 개화당을 억압했다. 이에 옥균은 크게 낙심했다. 그는 대원군의 쇄국 정책에 맞서 함께 개화를 논하던 벗이었고, 함께 일본으로 가서 개화의 현장을 목격한 동지였다. 그래서 민영익이 있으니 민씨 사대당과의 연대도 가능하다고 생각했었다. 그런데 그러한 연결선이 끊어지자 희망이 사라졌다.

당오전의 실패로 조선 경제가 더욱더 어려워지자, 왕은 옥균과 해결 방법을 논의했다. 하지만 옥균의 반대에도 당오전을 주도했던 묄렌도르프와 민씨 사대당은 그를 없애려 하였다. 한때 개화 동지였던 민영익이 이에 앞장섰다. 옥균과 개화당은 막다른 골목에 섰다.

"또 다른 길이 있지 않겠습니까?"

옥균은 왕십리 청무밭에서 만났던 우석의 말을 떠올렸다. 반드시 그 길을 찾아야 했다. 그때 마침 동아시아 정세에 변화가 있었다. 청나라가 베트남에서 프랑스와 전쟁

중이었다. 조선에 있던 청군 3,000명 중 반이 조선을 떠났고, 일본은 조선에 대한 정책을 바꾸어 옥균과 개화당의 길 찾기를 지지했다. 일본 공사 다케조에 신이치로가 옥균에게 이를 전달했으나 신임장을 가지고 간 차관 교섭에서 냉대를 경험했던 옥균은 그의 지지를 믿지 않았다. 하지만 다케조에는 적극적인 도움을 약속했다.

결단이 필요한 시간이었다. 공격적으로 조선에 대한 주도권을 행사하는 청나라에 기댄 사대당 중심의 조선 정치 체계를 뒤엎을 정변에 대한 결단이었다. 옥균은 개화당원 중에서 이 일에 목숨을 걸 비밀 결사 충의계를 만들었고, 우석도 이에 합류했다. 옥균은 이 일을 한성에 들어와 있는 미리견국 공사와 영국 공사 등에게 알렸다.

고종 21년(1884년), 갑신년 12월 첫날, 우석은 장통방 약방 뒤채에서 옥균과 마주 앉았다. 옥균이 무명천으로 여러 겹을 싼 무언가를 건넸다. 우석이 그것을 받아 들었다. 우석과 옥균의 눈이 마주쳤다. 말 없는 말이 오갔다. 우석이 천천히 고개를 끄덕였다. 우석은 다시 꿈을 꾸었다. 목숨을 거는 꿈이었다.

갑신년의 그들

그 밤, 달이 뜨지 않았다. 우석은 어둠을 밟고 통명전으로 갔다. 그곳에 옥균에게서 받은 것을 숨겨 두었다. 세 밤이 지나고 네 번째 날이 되었다. 고종 21년(1884년) 갑신년 12월 4일이었다. 우석은 새벽같이 일어나 정갈하게 세수를 했다. 방을 나서기 전, 강화섬을 향해 절을 했다.

그날은 우정국 낙성식 날이었다. 우정국 낙성은 일본과 미국을 두루 돌아본 홍영식이 추진한 개화 사업으로 근대식 우편 제도의 시작이었다. 축하 연회 시간이 되자 주요 인사들이 속속 도착했다. 묄렌도르프, 민영익, 미국 공사도 참석했다. 저녁 9시쯤 연회가 한창 무르익을 때 우정국 근처에서 불길이 솟았다. 갑신년 정변의 봉화가 타오른 것이었다.

그 시각, 우석은 통명전 앞에 있었다. 멀리서 타오르는 불길에 우석의 모습이 일렁였다. 우석은 통명전 기둥 밑에 땅을 파고 숨겨 두었던 대나무 통 화약과 성냥을 들고 통명전을 마주 보았다. 그곳에서 보낸 지난 시간이 머릿속에서 스쳐 갔다. 사람 눈을 피해 혼자 울던 날들, '물 긷기 불 때기에 글 읽기가 해당하더냐?'라며 종아리를 맞았던 날, 여섯 살 진주 항아의 손을 처음 잡았던 순간, 임오군란 후 환궁해서 진주 나인을 만났던 순간…… 그 모든 순간이 깃든 곳이 통명전이었다.

우석은 아련해지는 마음을 다잡았다. 첫 봉화가 올랐으니 이제 두 번째 봉화가 오를 시간이었다. 우석은 고개를 들어 하늘을 보고 크게 숨을 들이켰다. 7척 장신의 두 발에 힘이 들어갔다. 그리고 단전에서부터 숨길을 따라 천천히 숨을 끌어 올렸다. 가슴이 한껏 열리자 몸이 일자로 섰다. 그 순간, 하늘과 땅, 그 사이에 우뚝 선 사람 우석이 있었다. 그렇게 천(天), 지(地), 인(人)이 하나 되는 순간이 열렸다. 우석은 숨길을 따라 천천히 숨을 내쉬었다.

마지막 숨을 내쉬자 담담해졌다. 어깨를 편 우석이 성냥을 꺼내 들었다.

그날 왕과 왕비는 평소와 달리 일찍 침전에 들었다. 환관이 일부러 낮 동안 왕을 피곤하게 만들 만큼 많은 일을 올렸기 때문이었다. 구중궁궐 침전에서 잠자던 왕과 왕비를 깨운 사람이 있었다. 옥균이었다.

"전하! 신, 옥균이옵니다. 방금 우정국에서 변란이 있었으니 어서 몸을 피하셔야 하옵니다. 서두르시옵소서!"

옥균의 다급한 말에 왕이 일어섰다. 언제라도 변란이 있을 수 있는 나날이었다. 얼마 전에도 한밤에 총소리가 나서 놀라지 않았던가? 그때는 일본군이 훈련하는 것이라 했다. 왕비가 옥균에게 물었다.

"지금 이 난이 청국 측 난이오? 일본 측 난이오?"

옥균이 잠시 머뭇거리는 사이, 근처에서 큰 소리가 났다. 우석이 터트린 폭발음이었다. 혼비백산한 왕과 왕비는 두말없이 옥균을 따라 경우궁으로 이동했다. 상궁과 궁녀, 환관들이 뒤를 이었다. 왕비 자영이 허둥지둥 호위 궁녀 '고대수'를 찾았으나 보이지 않았다.

갑신정변의 첫날, 우석은 계획대로 담대하게 통명전에 폭약을 터트려 정변을 성공시켰다. 그러나 그렇게 시작된 그들의 나라는 삼일천하로 끝났다. 첫째 날 경우궁으로 갔던 왕비 일행이 다음 날에 창덕궁으로 돌아가겠다고 했다. 환관 유재현 처형에 놀란 고종 역시 이를 주장했고, 옥균과 개화당은 막지 못했다. 창덕궁으로 돌아가서 하룻밤을 지낸 개혁 세력은 근대적 '입헌군주제' 내각 구성과 근대적 정강 80개를 공표했다.

그러나 곧 신뢰와 지지를 약속했던 일본군이 철수하고 조선에 남아 있던 청나라군 1,500명이 창덕궁으로 몰려들었다. 왕과 왕비는 놀란 가슴을 다독이며 일상으로 돌아왔고, 옥균은 일본으로 망명했다. 그러나 괴물 무수리이자 왕비의 호위 궁녀였던 '고대수' 우석은 어디서도 보이지 않았다. 어느 늦은 밤, 호젓한 달빛 아래 어느 늙은 수라꾼이 주머니에서 꽁꽁 접어 두었던 종이를 펴 보며 혼잣말을 했다. 그들이 발표한 개혁정강이었다.

"대원군을 모셔 오고, 청에 조공 폐지, 문벌을 폐지하고 인간을 평등하게 능력에 따라 쓴다는 거고, 지조법 고쳐서 백성들 힘들게 안 하고, 세금도 중간에 새지 않게 잘 거둔다고, 이리만 되면 좋지! 어라? 내시부를 없앤다고? 탐관오리 처벌이야 누구나 찬성이지! 아이고! 상환미 탕감까지!"

왕십리 청무밭

일 년 후, 광화문 육모전 거리에 눈이 왔다. 초가집, 기와집 할 것 없이 이미 지붕마다 눈이 도톰하게 쌓였다. 그런데도 사람들은 육도전 네거리를 가득 메웠다. 눈 쌓인 지붕에 올라간 사람들도 있었다. 구경 나온 아이들은 장난을 쳤고, 젖먹이를 데리고 나온 어미도 보였다.

누군가 소리쳤다.

"나왔다!"

서린옥 앞이었다. 머리를 풀어 헤친 채 '대역 죄인'이라 적힌 큰 칼을 차고 사방줄에 매인 괴이한 사람은 '고대수'였다.

"과연 듣던 대로 흉측하구나! 이 괴물!"

누군가 작은 목소리로 시작하자 어떤 노인이 큰 소리로 소리쳤다.

"이 천하의 죽일 것아! 감히 상감이 계신 궐에 폭탄을 던져?"

사람들이 한꺼번에 달려들었다. 포졸들이 막아도 소용없었다. 눈 쌓인 길을 맨발로 걷는 '고대수'의 발은 사람들에게 짓밟혀서 터졌다. 그들은 대역 죄인 '고대수'의 머리카락, 옷자락, 살점 등 닥치는 대로 쥐어뜯었다. 포졸들이 막아 보고 밀어내도 그들은 악귀같이 달려들었다.

"왜놈하고 붙어먹은 년, 저년!"

"이런! 나라를 말아먹을 년!"

육모전 네거리에서 출발한 행렬은 종로 거리를 지나 수구문에 이르렀다. 그녀의 피 묻은 무명 단색 치마와 저고리는 이미 다 뜯겨 나갔다. 가는 길마다 군중이 구름떼처럼 모여들어 응징했다. 그녀의 걸음걸음 새겨진 핏자국은 뒤따라가는 군중의 발걸음에 지워졌다.

그때 우석의 눈에 옆으로 멀리 떨어져서 자신을 보며 걷는 사람들이 보였다. 언제부터 따라왔을까? 거지 굴 사람들이었다. 눈이 마주쳤다. 그녀는 웃으려 하였으나 터지고 부은 얼굴은 더 기괴하게 일그러질 뿐이었다. 그들은 입을 틀어막고 꺽꺽 울었다. 다른 쪽을 보았다. 악을 쓰며 달려드는 사람들 뒤에 변복한 나인들이 눈물을 참으며 따라오고 있었다. 저들이 지난 1년 동안 자신을 숨겨주고 먹여 주며 보살펴 주었다. 그들에게도 웃어 주었다. 혹시 수맹 오빠도 왔으려나? 그녀는 목을 빼고 돌아봤다.

그녀가 움직이자 군중이 움찔했다. 하지만 그녀가 순하게 고개를 돌리자 다시 우르르 달려들었다. 정변이 실패하자 약방 대치 어른과 식구들이 자취를 감추었다. 수맹 오빠도 그때 자취를 감추었다. 어디선가 잘 살아 있기를…….

누가 와서 때려도, 쥐어뜯어도 아프지 않았다. 어떤 욕도 귀에 들리지 않았다. 점점 기운을 잃어 가는 그녀의 무릎이 자주 꺾였다. 그럴수록 정신은 명료해졌다. 땅을 디딘 발에 힘이 없었다. 구름 위를 걷는 기분이었다.

왕비 자영이 했던 질문이 생각났다. 극심한 문초를 당한 뒤였고, 역시 지금처럼 구름 위에 붕붕 떠 있는 느낌이었다. 왕비 자영은 지극히 친밀하고 다정한 목소리로 물었다.

"정신이 드느냐? 그래, 지금 죽으면 안 되지. 내 너를 그리 쉽게 보낼 수 있겠느냐? 어디, 말이나 들어 보자꾸나. 왜 그런 일을 했지?"

"……."

왕비 자영이 다시 물었다. 호기심 가득한 목소리였다.

"네까짓 것이 무엇을 알고 그리했겠느냐? 다 옥균이 시켜서 한 일이겠지. 그래, 뭐라 하며 시키더냐? 내 너에게 지밀상궁을 주겠노라 하였는데……."

왕비 자영이 의자에서 내려와 자신의 눈을 들여다보며 말했다.

"그래, 김옥균이는 네게 무엇을 준다고 하더냔 말이다."

"……."

뜨거운 인두가 허벅지를 지졌다. 지지지직! 살이 타는 소리와 냄새뿐이었다. 비명조차 나오지 않았다. 왕비가 인두질을 멈추게 하고 다시 물었다.

"네게 무엇을 준다고 하였느냐? 어서 말해 보아라."

"아…아무것도……."

"널 이렇게 만든 김옥균이는 도망가지 않았느냐? 저만 살겠다고……. 너 같은 것이야 어찌 되든 말이다."

왕비가 비웃었다. 그때 고개가 축 늘어진 우석의 눈에 얼고 붓고 터진 자신의 발 위로 개미 한 마리가 지나는 것이 보였다. 우석은 고개를 천천히 들었다.

"한낱……."

"뭐라? 뭐라 하였느냐?"

"한낱 개미 한 마리도…… 제 뜻으로…… 살아가거늘……. 사람으로, 사람으로 태어나…… 제 뜻으로 살지 못한다면…… 어찌 살았다…… 살았다 할 수 있겠소?"

왕비가 파랗게 질렸다.

"무엇이? 제 뜻이라? 버러지만도 못한 것이 감히!"

그런 왕비를 향해 우석은 마지막 힘을 다해 소리쳤다.

"어서…… 죽여 주시오. 어서 죽어서 다른 세상에 태어나겠소! 왕이 없는 세상에!"

흐려지는 우석의 눈에 분노에 찬 왕비의 울부짖음이 보였다.

"왕이 없는 세상? 이런, 이, 이, 이런 무도하고 사악한 년을 보았나. 뭣들 하느냐? 이년을 척살형에 처하라! 사람들 손에 갈기갈기 뜯기게 하라!"

왕십리 청무밭에 이르렀다. 지아비를 잃은 어미들과 함께 무씨를 뿌리고 거두던 그곳이었다. 그 어미들이 우석에게 달려들어 자신들을 돕던 우석의 팔을 쥐어뜯었다. 이리저리 흔들리는 우석의 눈에 엉엉 울면서 어미를 뜯어말리는 한 여자아이가 들어왔다. 대여섯 살 되었을까? 진주 항아 생각이 났다. 이제 곧 그녀를 만날 것이다. 아버지도 만나고, 수맹 할머이도 만나고, 얼굴도 보지 못한 어미도 만날 것이다. 이제 곧! 그 생각에 웃음이 났다. 그녀는 이미 사람의 몰골이 아니었다.

"웃어? 이 대역 죄인 년이 제 죄를 모르고 웃는구나!"

어디선가 돌이 날아왔다. 그녀가 쓰러졌다. 쓰러진 그녀 위로 흥분한 군중이 뒤질세라 돌을 던졌다. 순식간에 돌무덤이 쌓였다.

'사람들은 나를 '고대수'라 불렀다. 누구는 '돌아볼 수밖에 없는 괴이한 괴물'이라 하고, 누구는 '약한 사람들을 돌

보아 주는 큰 아주머니'라고 했다. 그것은 모두 그들의 말이었다. 나는…… 나는 이, 우, 석이다.'

42년 전, 강화섬 길상촌에서 소작농 부부의 딸로 세상에 온 우석이 그렇게 떠났다. 왕십리 청무밭에 해가 졌다. 그날도 여전히 하늘과 땅이 맞닿은 곳에 분홍색 띠가 생기더니 다홍치마 자락처럼 퍼졌다. 황홀한 순간이 지나자 짙은 어둠이 내렸다. 어둠은 수맹 할머니가 지어 준 솜이불처럼 우석이 잠든 돌무덤을 포근히 덮어 주었다.

새봄이 왔다. 왕십리 청무밭 둔덕에 쑥이 올라왔다. 지난겨울 얼어붙은 땅속에서 견디어 낸 쑥이었다. 강화섬 곳곳에 해풍을 맞아 약이 된 사자발쑥이 올라왔다. 밟아도 밟아도 죽지 않는 퍼런 쑥이 쑥쑥 올라와 조선 팔도를 가득 채웠다.

우석의 세상이 닫히던 그 겨울, 일본의 허름한 가옥 대나무 정원에 사락사락 눈이 내렸다. 적막한 밤, 책상 앞에 앉아 정원에 눈 내려앉는 소리를 듣는 사람은 옥균이었다. 무언가 쓰던 중이었다. 잠시 후, 그는 붓을 들어 다시 적기 시작하였다.

'내가 미처 대답하지 못하고 있을 때, 동북간에 홀연히 하늘을 울릴 듯한 포 소리가 들려온다(이것은 모씨가 통명전에서 터뜨린 것이다).'

옥균은 붓을 놓고 쓰던 책을 덮었다. 『갑신일록』이었다. 옥균은 눈을 감았고, 그의 감은 눈에서 한 줄기 눈물이 흘러내렸다. 고종은 기어코 옥균을 죽여 그 시신을 능지처참했고, 왕비 자영은 을미년에 일본에 의해 살해당했다. 고종은 대한제국을 세웠으나 끝내 망국의 제왕이 되고 말았다.

그러나 나라를 잃어버린 백성들은 들판의 쑥처럼 들고 일어나 1919년 3.1운동으로 독립을 선언하고 상해에 '대한민국 임시정부'를 세웠다. 우석이 꿈꾸었던 왕이 없는 나라, 민주 공화국이었다. 갑신년 그날로부터 불과 35년 뒤였다.

나는 이우석이다

나는 남들보다 큰 몸으로 태어났다. 그리하여 궁궐의 하급 궁녀, 무수리로 입궁하여 왕비의 총애를 받는 호위 궁녀가 되었다. 이것은 내 뜻이 아니었다. 내가 어디에서 어떤 일을 하며 어떻게 살지를 결정할 권리가 내겐 없었다. 그 권리는 관에 있었고, 왕비에게 있었다. 심지어 왕비는 내 생명을 앗아갈 권리도 갖고 있었다.

나는 원치 않았으나 거부할 수 없었기에 최대한 긍정적으로 받아들이려 했다. 나를 길러 준 아비와 수맹 할머이가 나의 입궁을 '어찌할 수 없는 일'이라고 했기 때문이었다. 그것이 왕의 나라에서 백성으로 살아가는 자의 운명이었고, 남들과 확연히 다르게 크고 힘이 센 몸을 가지고 태어난 자의 운명이었다.

언문으로 쓴 호소문을 들고 관아 앞을 찾아갔던 날, 나는 새로운 사실을 알았다. 궁녀가 되면 남들은 가고 싶어도 가지 못하는 궁궐에 살면서 남들은 평생 볼 수도 없는 '지존'을 모시는, 지극히 대단하고 의미 있는 일을 한다는 것이었다. 게다가 일을 하면 매달 월봉을 받아 논밭을 살 수도 있다는 것을 알았을 때, 나는 기뻤다.

일 년 내내 농사를 지어 추수철에 한 첨지 댁에 소작료를 내면 겨우 보릿고개 때 굶어 죽지 않을 정도밖에 남지 않았다. 그것으로 1년을 살아야 하니 논밭을 산다는 생각은 하기 어려웠다. 그런데 다달이 월봉을 준다니 그것을 아비에게 보내면 강화의 가족들은 더 이상 배고프지 않을 테고, 그것을 잘 모으면 논밭을 살 수도 있을 것이었다. 나는 열 살이 되어 궁궐에서 나인이 나오자 그러한 생각으로 기쁘게 입궁했다. 아비가 장통방 대치 어른께 받아온 '우석'이라는 이름을 품고서!

하지만 그것은 세상을 모르는 순진한 생각이었다. 입궁 후, 나는 내전 무수리가 되었다. 무수리는 내명부에 오르지 못하는 하급 궁녀였고, 궁녀들은 나이에 비해 키가 크고 힘이 센 나를 괴물이라 부르며 수군거렸다. 정월 대보름날 '쥐부리 글려' 때, 일렁이는 불빛에 울지 않으려 입술을 옹다문 내 얼굴이 비치자, 그 밤 이후로는 대놓고 괴물이라 하며 나를 피했다.

운명에 순응하여 지존을 지키는 일을 하며 월봉을 받아 아비에게 논밭을 사 드리겠다는 야무진 꿈은 반만 이루어졌다. 이른 새벽부터 늦은 밤까지 나인들이 시키는 대로 우물에서 물을 길어 나르고, 불을 때고, 무거운 가마니를 들어 옮기다가 하루가 갔다. 내전의 힘 센 괴물 무수리와 눈을 맞추거나 말을 나누는 사람은 아무도 없었다. 나는 외롭고, 괴롭고, 서럽고, 두려웠다. 덫에 걸린 느낌, 갯벌에 빠져 하루하루 죽어 가는 느낌이었다.

궁녀는 죽어서야 궐문을 나선다고 했다. 내 평생 다시는 강화섬 길상촌에서처럼 그리 다정하게 살아갈 수는 없단 말인가? 사람과 사람이 마음을 나누고, 정을 나누고, 서로에게 기댈 곳이 되어 주던 삶을 다시는 살 수 없다는 말인가? 내 삶이 바뀔 수 없다고 생각하니 분하고 절망스러웠다. 월봉을 알뜰하게 모아 아비에게 논밭을 사 드리는 것만이 생명줄이었다. 비록 대지주는 아니지만 자작농이 된 아비의 논밭에서 난 소출로 수맹 할머이와 수맹 오빠까지 함께 먹고 살았다. 내가 궐 안에서 괴물로 취급받고 누구 하나 곁을 줄 사람을 만나지 못했으나, 내 월봉이 내 가족을 배고프지 않게 한다면 그것만으로 족하다고 여겨야만 했다.

그때, 진주에서 온 애기 항아를 만났다.

"제 삶이 어찌 무명 단색 무수리로만 끝나겠습니까?"

통명전 마당에서 김 나인에게 이리 속을 보였다가 종아리가 터지도록 매질을 당한 후였다. 나를 무서워하지 않고 오히려 다가와 준 어린 진주 항아는 선물이었다. 그렇게 나는 진주 항아를 품에 안고 궐 안에서 살아갈 수 있었다.

그렇게 이어지던 평범한 날들이 뿌리째 뒤흔들린 것은 나랏일 때문이었다. 임술년 아랫동네에서 탐관오리들의 부당하고 가혹한 행정에 견디다 못한 농민들과 지역 양반들이 들고 일어섰는데, 그 일이 점점 번져 강화섬 아비에게도 일어났다. 나는 아비에게 화가 미칠까 두려웠다. 아비의 목숨은 나라에서 이 일을 어떻게 해결하는지에 달려 있었다. 다행히 나라에서 농민들의 분노에 어느 정도 응답하는 시늉을 했고, 아비의 목숨을 염려했던 일도 가라앉았다.

도를 넘는 탐관오리들의 행태에 분노한 백성들이 관아에 쳐들어갔다는 소식에 나는 세상이 뒤집히는 줄 알았다. 관아란 어떤 곳이었나? 무고한 백성을 데려다 반죽음으로 만들어도 백성들은 변변한 항의조차 할 수 없었다. 누가 그들에게 그럴 권한을 주었나? 그때 나는 처음으로 나랏일에 관심을 두게 되었다. 많이 배우고 관직에 있는 사람이 해야 할 일은 백성들이 편안하게 살아갈 수 있도록 선정을 베푸는 것이었다. 그들이 막강한 권한을 가진 이유는 그 권한을 이용해 사리사욕을 취하라는 것이 아니라, 나라와 백성들을 위한 결정을 하라는 것이었다. 그런데 그들은 왜 그러지 않는가? 백성들이 들에 나가 땡볕 아래서 땀 흘릴 때, 그들이 종들의 수발을 받으며 공부한 것들은 다 무엇이었나? 그때 나는 그런 의문을 가졌다.

병인년에는 온 나라에 피비린내가 진동했다. 대원군이 잠두봉에서 천주교 신자들과 불국 신부들을 처형했고, 이어서 천주교 신자였던 내 고향 강화섬 길상촌 이웃들이 고향을 떠났다는 소식을 들었다. 나는 다정했던 그들이 멀리 숨어 들어가 부디 안녕하기를 바랐다. 하지만 그 해에 강화를 공격한 불국과의 전투에서 아비가 갔다. 나를 길러 주신 수맹 할머이도 가시자, 나와 형제처럼 자란 수맹 오빠도 전투에 참여해 파란 눈의 서양 도깨비들과 죽기 살기로 싸웠다.

도대체 왜 이런 일이 일어났어야 했나? 가족을 잃은 나는 나랏일이 그저 그들만의 일이 아니라, 강화섬 정족산 자락에서 평범하게 살아가던 나의 가족과 직결된 일이라는 사실을 깨달았다. 나는 가족이 떠난 자리에 새 가족을 들였다. 대치 어른의 약방을 통해 거지 굴 사람들을 돌보기 시작했다. 이 일에 약방 대치 어른을 스승으로 모시던 옥균도 힘을 보탰다.

왕비의 호위 궁녀가 된 것은 우연이었다. 항아리를 이고 가던 중에 왕비의 눈에 띈 덕분이었다. 그때 이미 나는 7척이 넘는 키로 궐 안에 드나드는 어느 장군들보다 컸다. 그런 데다가 궐내 암투로 왕세자가 될 아들을 잃은 왕비가 '궐 안의 액을 막는다'는 사주 때문에 입궐하게 되었다는 내 이야기를 듣자, 나를 곁에 두고 의지하며 총애하였다.

왕비의 총애를 받는 호위 궁녀가 되자 나인들의 대접이 달라졌다. 더 이상 나를 함부로 홀대하지 않았다. 그렇다고 해서 가까워진 것도 아니었다. 하지만 그런 그들의 태도가 아쉽지 않았다. 개화당의 옥균을 만났기 때문이었다. 북촌 명문가의 자제인 옥균은 장원 급제하여 주요 관직에 등용되었으나, 일개 궁녀인 나에게도 하대하지 않는 사람이었다. 나는 그와 개화당이 그리는 조선이 궁금했다. 그는 지존인 왕의 총애를 받으며 왕과 함께 '부강한 자주 조선'을 만들어 갈 사람이었다.

어느 날, 나는 멀고 먼 어딘가에 '왕이 없는 나라'가 있다는 말을 들었다. 나는 장통방 대치 어른을 찾아가 그게 사실인지 물었다.

"조선이 그리 되길 원하느냐?"

대치 어른이 물었고, 나는 그렇다고 답했다. 대치 어른이 보여 준 세상은 놀라웠다. 폭정에 분노한 백성들이 관아를 쳤다는 소식을 들었을 때보다 더 큰 충격이었다. 단, 그날이 하룻밤 만에 뚝딱 오지는 않으니, 지금 내가 할 일은 그곳으로 가는 길을 닦는 사람들과 함께하는 것이었다.

나는 생각한다. 신흥 세도 가문으로 등장한 민씨 척족과 왕비가 공직을 이용해 개인의 곳간을 채우지 않았다면 임오년에 군인들이 왕비를 죽이겠다고 궐문을 열고 들어서지 않았을 것이다. 도망간 왕비가 청에 지원군을 청하지 않았다면 청나라 군사 3,000명이 조선 땅에 들어올 빌미를 주지 않았을 것이고, 조선 땅에서 일본군과 청군이 동시에 주둔하는 일도 일어나지 않았을 것이다.

나라 곳간이 비어 옥균이 일본에 차관하러 다니는 상황에서도 여전히 진수성찬으로 굿상을 차리고 치성을 드리며 옥균의 발목을 잡는 왕비를 곁에서 보면서, 나는 더욱 '왕이 없는 나라'에 살고 싶었다. 왕비는 사재를 팔아 일본의 개화 실태를 보러 다녀온 옥균을 어찌 경계하는가?

조선의 밝은 미래를 위해 사익을 내려놓고 함께 힘을 합해 공익을 추구함이 마땅하지 않겠는가? 그런데 어찌하여 나랏일을 보는 사람들은 네가 죽어야 내가 산다고 하는가? 슬프고 답답한 일이었다.

나 역시 평범한 지아비를 만나 평범하게 살고 싶다는 진주 나인과 함께 궐 밖 어디선가의 자유로운 삶을 꿈꾸었다. 하지만 그 꿈은 산산조각이 났다. 그 모든 일이 하루 만에 일어났다. 왕십리 청무밭에서 일본에서 차관 교섭에 실패하고 돌아와 위기에 몰린 옥균을 만나 위로한 날 밤에 왕비는 후원에서 열린 잔치에서 웃음거리로 내몰았다. 그리고 그 밤, 진주 나인은 원치 않은 승은을 입고 왕비에 의해 죽임을 당했다.

나는 누구의 도구가 아니다. 나는 사람이다. 개화는 그런 것이다. 신분 차별 없이 사람은 누구나 존엄한 존재라는 것. 따라서 누구나 독립된 존재로서 존중받아야 마땅하다. 나는 옥균의 개화당과 함께 그런 개인들이 사는 '부강한 자주 조선'으로 가고 싶었다. 하지만 조선인 최초로 세계 일주를 마치고 돌아온 영익은 기대와 달리 개화의 방향을 뒤로 돌렸다.

옥균에게 대나무 통에 담긴 화약과 성냥을 받았을 때, 나는 목숨을 걸었다. 그러나 거사는 실패했고, 나는 대역 죄인이 되어 돌에 맞아 죽었다. 나는 억울한가? 그렇지 않다. '부강한 자주 조선', '왕이 없는 나라', '민주 공화국'으로 가는 길을 닦는 일이 내 몫이었으므로, 나는 고요히 왔던 곳으로 돌아갔다.

세상은 나를 고대수라 불렀다. 왕비는 '돌아보지 않을 수 없는 크고 기괴한 사람'이라 불렀고, 옥균은 '약한 사람을 돌보아 주는 아주머니'라 불렀다. 그러나 둘 다 그들, 즉 타인의 말이었다. 나는 나, 강화섬 길상촌 소작농의 딸로 태어나 관의 뜻으로 입궁한 무수리였으나 타고난 사주와 튼튼한 몸으로 왕비의 호위 궁녀가 되었고, 왕조가 아닌 개화된 세상에 살고 싶어서 정변의 행동대원으로 참여했다가 죽임을 당한 사람! 즉, 주어진 운명을 극복하고 나의 존엄을 되찾아 미래로 가는 꿈을 꾸었던 내 삶의 주인, 이우석이다.

한국 인물 500인 선정위원회 (가나다 순)

위원장: 양성우(시인, 前 한국간행물윤리위원장)

위원: 고은주(소설가), 권태현(소설가, 출판평론가), 김문주(소설가), 김상구(해양대 교수, 행정학), 김종근(前 홍익대 교수, 미술평론가), 김준혁(한신대 교수, 역사), 김태성(前 11기계화사단장), 박병규(민화협 상임집행위원장), 박상하(소설가), 박선욱(작가), 배재국(해양대 교수, 수학), 심상균(KB국민은행 금융노동조합연대회의 위원장), 오세훈(씨알의 소리 편집위원), 오영숙(前 세종대학교 총장, 영어학), 윤명철(前 동국대 교수, 역사), 윤선미(소설가), 이경식(작가, 번역가), 이경철(前 중앙일보 문화부장, 문학평론가), 이덕수(시민운동가, 시인), 이덕일(순천향대 교수, 역사), 이동순(영남대 명예교수, 시인), 이순원(소설가), 이종걸(이회영기념사업회장), 이종문(계명대 명예교수, 시조시인), 이중기(농민시인), 장동훈(前 KTV 사장, SBS 북경특파원), 최명규(뉴스인미디어 대표이사), 하만택(코리아아르츠그룹 대표, 성악가), 하응백(前 경희대 교수, 문학평론가)

근대 보수의 대지 위에 뿌린 올곧은 진보의 씨앗

나는 율곡이다

바꾸자는 개혁의 길
너의 생각이 나 율곡이다

"나라는 겨우 보존되고 있었으나, 슬픈 가난으로 시달리는 백성들은 온통 병이 깊어 숨이 넘어갈 지경이었다. 백척간두에 선 채 바람에 이리저리 위태롭게 흔들리고 있었다. 내가 개혁을 외치고 나선 이유다."

- 율곡이 독자에게 -

박상하 지음 | 값 14,800원

현대 모국어로 민족혼과 향토를 지켜낸 민족시인

나는 백석이다

깊은 슬픔을 사랑하라

분단의 태풍 속에서 나는 망각의 시인이었다.
하지만 한국의 독자들은 다시 내 시에 영혼의 불을 지폈다.
나는 언제나 외롭고 높고 쓸쓸한 시인이다.

- 백석이 독자에게 -

이동순 지음 | 값 14,800원

현대 남북한과 동서양의 화합을 위해 헌신한 삶과 음악

나는 윤이상이다

남북통일과 세계의 화합과
평화를 염원하며 작곡했다

"나는 남한과 북한, 동양과 서양, 고전과 현대의 경계에 서서 화합을 모색해 왔다. 우리 민족혼을 바탕으로 민주화와 통일을 갈망했고 세계가 전쟁과 핵 공포에서 벗어나 평화와 평등의 세상으로 나가기를 바랐다. 내 음악은 이 모든 염원의 표상이다."

- 윤이상이 독자에게 -

박선욱 지음 | 값 14,800원

한국 인물 500인 신간 소개

근대 삼한갑족 노블레스 오블리주의 대명사

나는 이회영이다

**동서고금을 통해 해방운동이나
혁명운동은 자유와 평등을 추구하는 운동이었다.**

"한 민족의 독립운동은 그 민족의 해방과 자유의 탈환을 뜻한
이런 독립운동은 운동 자체가 해방과 자유를 의미한다.
태고로부터 연면히 내려온 인간성의
본능은 선한 것이다."
- 이회영이 독자에게 -

이덕일 지음 | 값 14,800원

근대 육성으로 직접 들려주는 독립군의 장군 일대기

나는 

다

**내가 오지 말았어야 할 곳을 왔네,
나를 지금 당장 보내주게**

야 이놈들아, 내가 언제 내 흉상을 세워 달라 했었나.
왜 너희 마음대로 세워놓고, 또 그걸 철거한다고 이 난리인
내가 오지 말았어야 할 곳을 왔네. 나를 지금 당장 보내주게
원래 묻혔던 곳으로 돌려보내주게.
나는 어서 되돌아가고 싶네.
- 홍범도가 독자에게 -

이동순 지음 | 값 14,800원

고대 신화가 아니라 실재했던 한겨레의 국조

나는 단군왕검이다

**서로 잘 어우러져 하나가 되는
홍익인간 공공사회를 일구었노라**

"나는 임금이 되어 우리 겨레를 홍익인간의 삶으로 이끌려 애썼
그러면서도 자연의 원리에서 떠나지 않으려 했다.
융통성을 바탕으로, 공동체를 사안에 따라 매우
유연하고도 능란하게 운영하려고 했다. 반란과 대홍수를
이겨내고 모두 하나가 되는 공공사회를 일구었노라."
- 단군왕검이 독자에게 -

박선식 지음 | 값 14,800원

근세 **여성 최초 상인 재벌과 재산의 사회 환원**

나는 김만덕이다

가난을 돌이킬 수 없는 수치로 여겨라

어진 사람이 나랏일에 간여하다가도 절개를 위해 죽는 것이나,
선비가 바위 동굴에 은거하면서도 세상에 이름을
떨치게 되는 건, 결국 자기완성이 아니겠느냐.
여성의 몸으로 내가 상인으로 나선 이유도
이와 다르지 않다."
- 김만덕이 독자에게 -

박상하 지음 | 값 14,800원

고대 **민족의 고대사를 개창한 건국 여제**

나는 소서노다

내가 바로 고구려, 백제를 건국한 왕이다

"나는 졸본부여의 왕재로 태어나, 추모와 함께고구려를
건국하였으며 다시 두 아들과 함께 남하하여 백제를 건국하였다.
역사서에 나를 일컬어 왕이라 하지 않았으나,
엄연히 나라를 개창하여 백성들을 위한 정치를 펼쳤으니
더 이상 나의 존재를 부정할 수 없으리라."
- 소서노가 독자에게 -

윤선미 지음 | 값 14,800원

고대 **신라의 중흥을 이룬 대장군**

나는 이사부다

위대한 장수는 싸우지 않고 이기는 전투를 한다

전장에서 적을 베는 것보다 싸우지 않고 이기는 장수가
지혜로운 장수다. 적국의 백성도 나라를 달리하면
모두 제 나라의 백성이다. 권력을 탐하는 자는
신의를 저버리나 백성은 그저 순리에 따를 뿐이니,
현명한 장수는 백성을 살리는 전투를 한다.
- 이사부가 독자에게 -

김문주 지음 | 값 14,800원

한국 인물 500인 신간 소개

근대 식민지시대 대중문화운동의 진정한 선구자

나는 **왕평**이다

너희가 '황성옛터'를 아느냐

나라 잃은 시대, 나는 민족 저항의 노래인 '황성옛터'
한 곡으로 겨레의 영혼에 불을 지폈다.
그 불이 꺼지지 않고 오늘에 이르렀다.
지금 그 불꽃은 꺼졌는가?
여전히 활활 타고 있는가?
- 왕평이 독자에게 -

이동순 지음 | 값 14,800원

근대 꺾이지 않는 마음으로 행동했던 시인

나는 **이육사**다

인간다운 삶을 위한 해방, 완전한 독립을 위하여!

"나는 꺾이지 않는 마음이다. 의열단 군관학교 출신의 독립운동
비밀요원으로, 감옥에서 죽어가는 순간에도 시를 썼던 시인으로,
내가 꿈꾸었던 것은 자유롭고 평화로운 세상이었다.
인간다운 삶을 위한 해방, 완전한 독립을
완성하는 것은 이제 그대들의 몫이다."
- 이육사가 독자에게 -

고은주 지음 | 값 14,800원

중세 귀주대첩으로 고려를 구한 구국의 영웅

나는 **강감찬**이다

11세기 동북아의 국제질서를 뒤흔들어놓은 귀주대첩

"거란의 2차 침입 때 대신들이 항복을 말했지만
나는 항복은 안 된다고 외쳐 위기를 넘겼다. 동북면병마사,
서경유수로 재직하면서 거란의 재침에 철저히 대비한
나는 거란의 3차 침입 때 귀주 벌판에서 적을 전멸시켰다.
고려는 막강한 저력을 바탕으로 거란, 송나라와
대등한 외교를 펼치며 평화를 누렸다."
- 강감찬이 독자에게 -

박선욱 지음 | 값 14,800원

고대 신화적인 삶을 산 한민족사의 큰 어른

나는 조선인이고, 부여인이며, 고구려인이다

여러분의 말 속, 정신 속에는 나의 삶이 조금씩 배어 있다. 조상이 무엇인가? 역사의 거름이 되는 게 아닌가? 어려운 시기가 오고 있네만 나를 거름으로 삼아 후손들을 위해 맑고 기름진 거름이 되게나.
- 해모수가 독자에게 -

윤명철 지음 | 값 14,800원

현대 타는 목마름으로 연 민주화와 흰 그늘의 길

나는 김지하 다

더 나은 세상을 위해 진흙창 속에 핀 연꽃, 십자가가 되려 했다

"나는 개벽을 향한, 부활을 향한 민중의 고통에 찬 전진 속에서, 내게 주어진 진흙창 삶 속에 피우는 연꽃이 되려 꿈꿨다. 내게 주어진 십자가를 지고 민중과 함께 있기를 소망했다. 민중의 한 사람인 내가 꿈꾼 이런 소망이 어느 시대, 어느 세상에서든 좀 더 나은 세계로 건너가는 징검다리 돌 하나가 됐으면 좋겠다."
- 김지하가 독자에게 -

이경철 지음 | 값 14,800원

현대 백석 시인을 사랑했던 조선권번 기생

나는 김자야 다

저는 백석 시인의 뜨거운 사랑을 받았습니다

그 험하고 가파른 세월을 무탈하게 살아올 수 있었던 것은 오로지 제 나이 22세 때 만나 서로 즈겁게 사랑했던 백석 시인의 고결한 영혼 덕분입니다.
- 김자야가 독자에게 -

이동순 지음 | 값 14,800원

한국 인물 500인 신간 소개

현대 **대한민국 현대사의 격랑 속에서 소설이 된 사람**

나는 박완서다

증오는 사랑과 연민이 되고, 나는 결국 소설이 되었다

"나의 인생과 소설에 담긴 역사를 바라봐주면 좋겠다.
내 안의 '양반 의식', '아줌마 정신',
'빨갱이 트라우마'를 온전히 바라봐주면 좋겠다.
그렇게 나를 기억해주면 좋겠다."
- 박완서가 독자에게 -

이경식 지음 I 값 14,800원

중세 **고려의 자주국 수호를 천명한 여걸**

나는 천추태후다

자주국 고려의 위상은 내가 지킨다

""나의 고려가 외국에 사대하는 것을 원치 않았다. 성종이
내려놓은 고려의 위상을 반드시 되돌려 놓아야 한다고
다짐했다. 그것이 태조 왕건의 유조에 따라
고려가 자주국이자 황제국으로서, 세상 그 어떤 나라도
넘보지 못할 대국으로 거듭날 수 있는 유일한 방법이라
여겼으니 이것이 내가 목종을 대신하여 섭정한 이유다."
- 천추태후가 독자에게 -

윤선미 지음 I 값 14,800원

단체 I 분야별 **조선왕조 5백 년을 이끈 5대 명문가의 이야기**

나는 삼한갑족이다

집안이 어려워도 낙담해선 안 되고 공부가 쓸모없다고 관두어서도 안 된다

딱한 처지에 놓일지라도 민망하게 여기지 않고,
귀한 신분에 올랐음에도 교만하지 않을 뿐더러,
참혹한 화를 당해도 위축되거나
운명에 흔들려선 안 된다.
- '삼한갑족'이 독자에게 -

박상하 지음 I 값 14,800원

한국 인물 500인 신간 소개

중세 한 역사가의 발자취를 따라 걷는 시간 여행

나는 일연이다

기울어진 고대사의 운동장
나 일연이 바로잡고 싶었다

"내가 『삼국사기』를 살펴보니 유교적 합리사관과 모화적 사대사관 등으로 우리 고대사의 운동장이 한쪽으로 크게 기울어져 있음을 알 수 있었다. 나는 이와 같은 고대사의 편향성을 바로 잡기 위해 수십 년에 걸친 각고의 노력을 기울인 끝에 『삼국유사』를 편찬하였다."
- 일연이 독자에게

-이종문 지음 I 값 14,800원

고대 두 번의 왕후 자리로 고구려에 승부수를 던지다

나는 우씨왕후다

나는 세 명의 왕을 모신 왕후이자 태후였다

무릇 왕이란 하늘이 내리는 자리라고 했다.
내가 산상왕을 택한 것은 하늘이 가납한 것이니,
그 대를 이은 왕들이 우리 역사상
가장 위대한 고구려를 만든 것이야말로
나의 공적이라 할 수 있을 것이다.
- 우씨왕후가 독자에게 -

윤선미 지음 I 값 14,800원

근대 갑신정변 김옥균의 그림자이며 고대수라 불렸던 7척 장신 궁녀

나는 이우석이다

19세기 후반, 근대 국가 '부강한 자주 조선'을
꿈꾸었던 액맥이 궁녀!

"나는 크고 힘이 센 몸으로 태어났다. 세상은 나를 '괴물'이라 하였으나 나는 동의하지 않고, 꿈을 꾸었다. 하늘이 나를 그리 만들어 주신 이유는 '작고 힘없는 사람들'을 도와 함께 잘 살라는 뜻이라 믿었기 때문이다."
- 이우석이 독자에게 -

노지민 지음 I 값 14,800원